KB106248

나는 집 하나로 실거주하면서 월세도 받는다

나는 집 하나로 실거주하면서 월세도 받는다

초판 1쇄 발행 · 2022년 2월 28일

지은이 · 정일교
펴낸이 · 김동하

펴낸곳 · 책들의정원
출판신고 · 2015년 1월 14일 제2016-000120호
주소 · (03955) 서울시 마포구 방울내로7길 8 반석빌딩 5층
문의 · (070) 7853-8600
팩스 · (02) 6020-8601
이메일 · books-garden1@naver.com
포스트 · post.naver.com/books-garden1

ISBN 979-11-6416-107-2 (03320)

• 이 책은 저작권법에 따라 보호받는 저작물이므로 무단 전재와 무단 복제를 금합니다.
• 잘못된 책은 구입처에서 바꾸어 드립니다.
• 책값은 뒤표지에 있습니다.

나는 집 하나로 실거주하면서 월세도 받는다

정일교 지음

책들의정원

부동산을 공부하고
돈에서 자유로워졌다

인생을 살다 보면 새로운 변화가 간절해질 때도 있다. 당장의 현실이 만족스럽지 않거나, 직장 상사의 고달픈 삶이 자신의 미래라고 생각이 들 때, 이렇게 살다가는 진정 원하던 삶을 누리기는커녕 근처에도 못 갈 거란 계산이 들 때. 이럴 때면 우리는 저마다 이를 돌파할 수 있는 계기를 찾는다. 나도 그러했다. 무언가 답답한 일상 속에서 시간적, 경제적 여유를 찾고 싶었다. 지친 직장생활에서 벗어나 마음껏 여행도 하고, 책도 충분히 읽고 싶었다. 한 마디로 좀 더 자유롭고 싶었다.

월급쟁이로 18년을 살아오다가 안정된 직장을 그만두고 나서야 이 세상에서 돈 버는 게 이렇게 힘든 일이라는 사실을 뒤늦게 깨달았다. 최근 신문을 보면 경제 불황에 대한 기사가 대부분이다. 미국과 중국 간의 무역전쟁으로 인한 국내 기업들이 피해가 심각하다거나, 경기가 좋지 않으니 기업들은 투자를 하지 않는다거나……. 그러니 청년 실업도 심각하다. 청년들이나 은퇴자들이 취업도 안 되고 퇴직 시기 또한 빨라진다. 창업의 문을 두드려보지만 이 역시 어려운 건 매한가지다.

이러한 이유로 많은 이들이 부동산 투자에 관심을 갖는다. 저마다 그 방법과 모습은 다르지만 목적은 비슷하다. 여유로운 삶, 원하는 일을 하면서 구속받지 않는 삶을 꿈꾸는 것이다. 그런 면에서 다가구주택은 부동산 투자에 있어 가장 이상적인 상품이라 할 수 있다. 저성장 저금리 장기불황의 시대에, 직장인들이 근로소득 외의 방식으로 현금흐름을 만들 수 있는 유일한 비결은 수익형부동산 투자다. 저금리로 인해 월세와 현금흐름이 가능한 부동산의 가치는 앞으로도 더욱 높아질 수밖에 없다.

평범한 사람도 부자가 될 수 있을까?

집을 장만한다고 하면 대부분 아파트를 생각한다. 하지만 주택의 종류는 다양하다. 한편으로는 대중들이 생각하는 기본 통념과는 다른 것이라 조심스럽기도 하지만 나는 직접 거주하면서 임대수입까지 누릴 수 있는 다가구주택에서 답을 찾았다. 나는 남들이 아파트에 투자할 때 모두가 뜯어말린 다가구주택에 투자하여 임대수입을 거두고 추가 투자를 할 수 있는 종잣돈을 만들어갔다. 사람들이 좋은 경매 물건이 나오기를 기다리는 동안 나는 내가 살고 있는 집 주변부터 무수하게 발품을 팔며 직접 부동산을 분석하고 물건을 살펴보고 투자를 실행했다.

그렇게 한 걸음씩 나아간 결과 현재 꼬마빌딩이라고 불리는 건물을 4채나 보유하게 되었다. 비로소 나는 투자에 대한 더욱 확고한 자신감을 갖게 되었다. 풍요로운 삶, 즉 경제적 자유를 얻기 위해 필요한 돈은 그리 많지 않다. 수익형 부동산 시스템을 이해하고 적용하면 더욱 돈에 대해 자유로워질 수 있다. 수많은 평범한 사람들과 같은 길을 가지 않겠다는 약간의 특별한 결심 정도면 충분하다.

소액으로도 충분한 다가구 투자

다가구주택을 구입하는 가장 큰 장점은 '투자금액이 적게 든다는 것'이다. 아파트는 자신이 살면서 다른 사람에게 임대가 곤란한 구조다. 하지만 다가구주택은 자신이 거주하면서도 여러 가구를 전세 또는 월세로 임대하면서 대출의 힘을 빌려 수익을 극대화할 수 있다. 다가구주택에 눈뜨기 전에는 나도 잘못된 부동산 투자로 인한 경제적 고통을 받았다. 끝없는 불안과 두려움 속에 갇혀야 했다. 하지만 진짜 실패는 그 두려움 속에 갇혀 있는 동안 우량 물건을 놓치는 것이라는 생각에 부동산 투자를 멈추지 않았다.

나는 이 한 권의 책 속에 왜 회사를 다니는 동안 부동산에서 제2의 월급을 받는 시스템을 만들어야 하는지, 왜 월급쟁이가 부자가 되어야 하는지, 그리고 그에 대한 실무적 해법과 사례는 무엇인지를 생생하게 담았다. 아파트 여러 채를 소유하기보다 가구 수가 많은 다가구주택을 소유함으로써 대출 부담을 줄이고, 전세 세대도 가급적 반전세나 월세 방식으로 전환하는 것이 안전하고 현명적인 투자방법이라고 생각한다. 책의 마지막 페이지를 덮는 순간, 당신의 마음속에 부에 대한 희망이 생긴다면 바랄 것이 없다.

끝으로 안정된 직장을 그만두고 나서 늘 마음고생만 시켰던 남편을 믿어주고 묵묵히 응원해준 아내에게 무한한 사랑과 고마움을 전한다. 또한 아빠를 돕겠다며 건축과에 진학하겠다는 아들과 딸에게 고맙다고, 아빠가 많이 사랑한다고 전하고 싶다. 그리고 모든 직장인이 이 책을 통해 나와 같은 경제적 자유를 이룰 수 있기를 진심으로 바란다.

2022년 2월
정일교

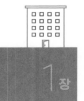

지금이 투자 적기

1장

집값은 결국 땅값

2장

같은 투자, 다른 수익률

3장

돈 벌 타이밍은 준비된 사람에게만 보인다 4장

해본 사람만 아는 실전 전략 5장

내 인생을 바꿀 유일한 승부수

6장

지금이
투자 적기

수익형 부동산의 시작과 끝은 세금

2021년 12월 8일부터 비과세 기준이 9억 원에서 12억 원으로 상향되었다. 하지만 다주택자는 양도세 중과로 인해 양도세 중과 완화를 기다리며 관망하고 있다. 1주택자도 대출이 어려워지면서 추가 매입은 쉽지 않다. 매도자는 못 팔고, 매수자는 못 사는 것이 현재 부동산 시장의 모습이다. 부동산은 타 재화와 달리 거래금액이 크다. 따라서 거래에 따른 비용이 적지 않다. 수익형 부동산투자에서 수익률은 세금이 좌우한다. 취득에서 보유와 양도까지 모두가 세금으로 시작해서 세금으로 끝난다.

최근 몇 년간 자신이 거주하는 주택 외에 여러 주택을 소유하고 있는 다주택자들이 많이 늘어났다. 현 정부에서는 다주택자에게 양도소득세 중과세를 시행하고 있다. '조정대상지역'에서 2주택자에게는 20%P, 3주택 이상이면 30%P 가산세를 부과한다. 장기보유 특별공제 적용도 없다. 예를 들어 3주택자가 양도차익이 10억 원을 초과하는 주택을 양도하면 기본세율 45%에 30%P를 더한 75% 중과세율이 적용되며, 여기에 국세의 10%인 지방소득세를 합하면 최고 82.5%의 양도세율이 적용될 수 있다. 그럼 다주택자 세금 중과시대에 현명하게 대처하는 방법은 무엇이 있는지 알아보자.

| 취득세·종부세·양도세 |

부동산은 취득할 때 취득세부터 적지 않은 부담이지만 보유할 때도 보유에 따른 재산세나 금액에 따라 종합부동산세가 부과된다. 매도시에는 양도차익에 대해서 양도소득세를 납부해야 한다. 세금을 생각하지 않고 단순히 매매차익만 계산하게 되면 양도세 폭탄을 맞을 수 있다. 앞으로 남고 뒤로 밑지기 때문이다. 대부분의 세금은 개인별 부과를 원칙으로 계산되기 때문에 명의를 분산하는 전략이 필요하며 미리 매입단계에서부터 양도까지 생각을 하고 투자를 해야 한다. 또한 양도소득세는 누진세 구조로 계산되며 세대별 합산이 아닌 개인별 합산구조다. 또한 단독명의보다는 번거롭더라도 부부공동명의로 나누면 과세표준이 절반으로 줄어들어 낮은 세율을 적용받을 수 있다. 양도소득세 기본공제인 250만 원도 각각 적용받을 수 있기 때문에 좋은

절세 방법 중 하나다. 이뿐만 아니라 매도 시기도 해를 달리하면 이익이다.

예를 들어 두개의 부동산을 가진 사람이 한 개의 부동산을 상반기에 매도해서 양도차익이 8,000만 원 발생했고, 또 다른 한 개의 부동산을 12월 말에 매도해서 5,000만 원의 양도차익이 발생했다면 두 번째 매도하는 부동산을 잔금일 조금 늦추어서 해를 넘기면 양도세를 줄일 수 있다. 세율적용 구간이 포인트에 따라 달리 적용되기 때문에 그렇다.

1가구 1주택 비과세를 이용하라

양도세 절세 방안 중 최고의 방법은 1가구 1주택 비과세제도를 이용하는 것이다. 이외에도 일시적 1가구 2주택자에 대한 비과세 요건도 있지만 이 책에서는 생략하겠다. 만약 2주택 이상 다주택에 해당되거나 다주택으로 갈 바에는 장기임대사업자로 등록하는 것이 좋은 방법이다. 많은 주택을 소유하기보다 직접 거주도 하면서 월세가 들어오는 똑똑한 한 채가 안전하고 현명한 방법이라고 생각한다.

이제는 평범한 아파트로 여러 채를 보유하면서 시세차익을 노리는 투자는 접어야 하는 시대가 되었다. 양도세 중과로 현 정부의 정책에 역행하는 투자이기 때문이다. 바야흐로 거주도 하면서 여러 세대에서 월세를 받을 수 있는 단독주택인 다가구주택, 상가주택, 다중주택이

세금 폭탄(양도소득세)도 피하고 다주택자가 누리는 것을 동일하게 누릴
수 있는 이유다.

아파트 시세는
전혀 중요하지 않다

'20개월 만에 서울 집값 내림세'
'주택 가격 전망지수 1년 8개월 만에 최저'
'부동산 불패 신화 끝나나'

설 연휴 직전 온라인을 달구었던 부동산 관련 뉴스 제목들이다. 실제로 서울 아파트 가격이 2020년 5월 이후 20개월 만에 처음으로 하락세로 돌아섰다. 집값 고점 인식이 확산된 가운데 강화된 대출 및 세금 규제, 금리인상 등 악재가 겹치면서 오랜 상승세가 꺾인 것으로 분석된다.

아파트의 가격 변동은 무주택자에게나 영끌족(영혼까지 끌어모아 집 살 돈을 마련하는 사람들)에게나 큰 충격으로 다가오기 마련이다. 최근 몇 년간 아파트 가격이 큰 상승폭으로 오르게 되면서 무주택자, 즉 전세나 월세로 살았던 사람들은 충격을 넘어 허탈할 수밖에 없다. 무리하게 돈을 모아서 주택을 마련한 사람들에게도 불안함이 없을 수는 없다. 본인이 고점에 구입한 건 아닌가 하는 후회와 금리상승이 맞물리면서 대출이자에 대한 부담감이 클 수밖에 없는 것이다.

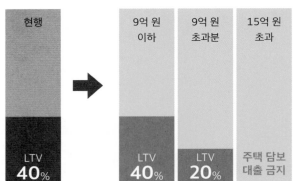

주택담보대출 강화 방안 (시가 기준)

자료: 기획재정부

서울의 평균 아파트 가격은 12억 원이다. 10억 원 이하 아파트를 찾기가 힘들다. 치솟은 서울 집값을 버티지 못한 수요자들이 서울 외곽의 경기도 지역으로 몰린 데 따른 것으로 풀이된다. 경기도 아파트 평균 가격은 6억 원을 넘어섰다. 가령 일반 직장인이 경기도에 아파트로 내 집을 마련할 경우 얼마의 돈이 필요할까? 대표적인 주택담보대출인 '보금자리론'을 이용하면 저금리로 집값의 70%까지 대출을 받을 수 있다(단, 부부 합산 연소득 7,000만 원 이하, 6억 원 이하 주택을 살 때 약정 만기 최장 40년 동안 2~3%대의 고정금리로 매달 원리금을 상환하는 상품에 한함). 구입할 아파트 가격이 6억 원이라고 치면, 30%인 1억 8,000만 원에 취득세를 포함해 2억 원이 넘는 금액이 필요하다. 하지만 KB국민은행의 '월간 주택가격동향' 통계에 따르면, 경기 지역 아파트의 평균 매매가는 5억 원을 넘은 데 이어서 6억 190만 원을 기록하며 6억 원을 돌파했다. 여기서 문제는 집값이 6억 원을 넘게 되면서 사실상 대출이 40%밖에 나오지 않는다는 사실이다. 다시 말해 6억 원이 넘는 아파트를 사려면 취득세를 포함하여 4억 원에 가까운 돈이 필요하다는 것이다.

평생 모아도 넘보기 힘든 '내 집 마련'

여기서 잠깐, 대한민국 직장인의 평균 연봉을 알아보자. 2022년 데이터를 기준으로 고용노동부에서 발표한 직장인의 평균 연봉은 다음과 같다(부양가족이나 비과세 항목에 따라 개인마다 차이는 있으며, 월 실수령액은 4대 보험료 및 세금을 제외한 금액이다).

연령대	평균 연봉	월 실수령액
20대 초중반(20~24세)	2,827만 원	203만 원
20대 중후반(25~29세)	3,464만 원	254만 원
30대 초중반(30~34세)	4,225만 원	306만 원
30대 중후반(35~39세)	4,942만 원	352만 원
40대 초중반(40~44세)	5,440만 원	383만 원
40대 중후반(45~49세)	5,646만 원	396만 원

이 수치에 따르면 받은 월급을 한 푼도 안 쓰고 모아도 내 집 마련을 하는 데에는 10년이 넘게 걸린다. 중소기업 신입사원 연봉으로는 경기도 아파트 1~2평도 매수가 어려운 상황이다.

어렵게 돈을 모아 아파트를 구입했다고 하자. 구입한 아파트가 2억 원이 올랐다고 해서 마냥 기뻐할 수는 없다. 내 아파트가 오르면 다른 지역의 아파트도 똑같이 오르기 때문에 물가상승률과 인플레이션에 비해 기본 자산의 가치 보존밖에 안 되는 것이기 때문이다. 또 설령 구입한 아파트가 1~2억 원 정도 떨어졌다고 하더라도 내 아파트만의 문제는 아니다. 그렇기 때문에 내 집 마련의 방법이 오로지 아파트 장만이라고 생각하는 관점만 바꾸면 더 나은 기회는 분명 있다. 다른 방안과 구체적인 내용은 뒤에서 설명하도록 하겠다.

2020~2021 경기도 3.3㎡ 아파트평균매매가격 상승률 10곳 (단위: 만 원)

지역	2020년 6월	2021년 6월	변동률
고양시	1,352.7	1,969.8	45.6%
김포시	1,065.5	1,544.8	45.0%
의정부시	1,085.4	1,567.9	44.5%
남양주시	1,183.7	1,702.5	43.8%
안산시	1,257.8	1,731.9	37.7%
시흥시	1,070.5	1,473.2	37.6%
용인시	1,648.1	2,265.0	37.4%
광주시	976.4	1,341.4	37.4%
양주시	746.3	1,011.3	35.5%
의왕시	1,917.6	2,591.1	35.1%

자료: KB부동산 리브온, 제공: 경제만랩

매매 차익형 투자 vs
임대 수익형 투자

아파트는 거주를 위한 목적과 더불어 안전한 투자상품이라는 인식이 높다. 전세라는 임대 형식도 아파트를 더 선호하게 만드는 요인이다. 그동안은 아파트에 투자한다고 하면 거의 대부분 시세차익으로 인한 수익을 가리켰다. 투자한 아파트에 임대를 주었다고 하면 대부분 전세로 임차인을 맞춘다. 이처럼 시세차익을 목적으로 하는 아파트 투자는 계약한 뒤 잔금을 임차인의 전세금으로 맞추는데, 이 과정에서 전세가를 매매가와 비슷하게 최대로 높여 임대를 놓은 후 전세가와 시세차익, 즉 갭을 이용해 아파트 시세를 끌어올려 매매하는 방식으로 이루어진다.

하지만 최근 들어 이런 전세시장의 분위기가 바뀌고 있다. 전세를 주는 비율은 점점 줄어들고 있고, 그만큼 월세로 바뀌고 있다. 금융권의 부동산대출심사 강화, 보유세 강화, 임대차법의 영향 등으로 집주인의 월세 선호도가 증가하는 가운데 전세자금대출 금리가 연 5%에 육박하게 되어(기준금리는 더 오를 가능성이 있음) 전세의 월세화가 가속화되고 있다. 전세를 월세로 전환할 때 적용되는 이자율을 '전월세 전환율'이라고 한다. 2021년 12월 기준 전월세 전환율은 3.75%로 전세대출 최저금리 수준이지만, 서울의 전월세 전환율을 보면 3.13%로 전세대출 최저금리보다 낮다. 이러한 이유로 서울에서 전세자금대출 1억 원을 받는다면(금리 4% 기준) 월 이자는 33만 3,000원이지만, 월세는 26만 원만 내면 되기 때문에 임차인 입장에서도 월세가 더 유리하다.

| 근로소득에는 한계가 있다 |

통계청의 2021년 사회조사에 따르면, 월평균 가구소득이 600만 원 이상인 사람 가운데 90%는 본인의 사회적·경제적 지위가 '중' 이하라고 생각한다고 한다. 월평균 소득구간이 낮지 않은데도 스스로 상류층에 속하지 않는다고 인식하기 때문이다. 이러한 인식은 근로소득과 자산소득 간의 격차에서 비롯된 것으로 판단된다. 근로소득이 많더라도 무주택자는 자신을 상위계층으로 생각하지 않기 때문이다. 높은 가구소득에도 불구하고 기존 주택의 자산가액이 급상승하면서 허탈함을 느끼고 스스로 중위계층이라고 생각하는 것이다.

자본주의 사회에서 서행차선에 있는 사람은 오로지 근로소득에만 의존하는 사람들이다. 근로소득을 시간과 노동으로 맞바꾸는 데는 한계가 있다. 세상에 일하지 않아도 월급을 주는 회사는 없기 때문이다. 평생직장도 없고 평생 건강하다는 것도 장담할 수 없기 때문에 근로소득을 이용해 최대한 자본소득을 만드는 것이 중요하다. 여기서 자본소득이란 보유한 재산을 이용해 얻는 순이익을 말한다. 여기에는 은행에 예금으로 넣어둔 것에 대한 이자, 토지에서 받는 지료, 주식에 투자한 것에 대한 배당수익, 수익형 부동산에서 받는 임대소득 등이 해당된다. 이 자본소득은 시간이 지날수록 늘어나고 심지어는 일하지 않아도 소득을 만들어 준다.

연봉 높은 대기업에 다닌다고 하더라도 그 직장이 꼭 평생직장이 된다는 보장은 없다. 만에 하나라도 다치거나 몸이 아파 갑자기 일을 그만두게 된다면 그날부터는 월급을 받을 수 없게 된다. 회사는 직원이 그만두지 않을 정도만 돈을 주고, 직원 또한 회사에 잘리지 않을 정도만 일하게 된다. 이 원리를 알지 못하고 다람쥐 쳇바퀴 돌듯 일하며 근로소득에만 의존하는 것은 매우 위험하다. 따라서 근로소득은 적더라도 투자소득을 만들어 자본이 알아서 소득을 만들어 주는 시스템을 구축하는 것이 시급하다.

가구소득만 놓고 보자면 충분히 대출을 이용해 아파트를 마련할 수 있다. 하지만 아파트를 쉽게 구입하지 못하는 데는 여러 가지 이유가 있는데 그 이유 중 가장 큰 이유는 두려움이다. 가령 6억 원에 아파트를 샀다고 해보자. 물론 5,000만 원이나 1억 원쯤 오르면 다행이지만,

2년 전만 해도 4억 원 초중반이었는데 '내가 꼭지에 산 거라 다시 4억 원대로 빠지면 어떡하지' 하는 생각에 매수시점을 놓고 계속 저울질하며 매번 기회를 놓치고 만다. 이와 같은 실수를 범하는 이유는 구입 목적을 매매차익에 두기 때문이다.

부동산은 단기적으로 등락을 반복하지만 멀리 보면 물가상승률 이상 우상향하는 구조이기 때문에 내일보다는 오늘이 무조건 저렴하다고 보면 된다. 수명이 길어지고 은퇴는 빨라지면서 일을 할 수 있는 시간은 생각보다 많지 않다. 근로소득이나 사업소득이 아닌 내가 시간과 노동을 들이지 않아도 매월 고정적으로 돈이 들어오는 시스템을 만드는 게 우선이다. 주거용부동산이든 상업용부동산이든 매월 자본소득이 발생하는 파이프라인을 만들자는 말이다. 내가 지금 받는 급여보다 더 많은 자본소득이 나오게 만드는 것이 현 상황에 적합한 투자라고 생각한다. 은퇴를 몇 년 앞두고 한 달에 600만 원 임대소득이 발생하면 충분히 가능하다. 근로소득이 아닌 자본(임대)소득으로 들어오는 돈은 성격이 다르다. 매달 얼마의 자본소득이 들어오느냐가 중요한 거지 자산가치가 얼마인지는 중요하지 않다. 다시 말해, 매매가나 매매차익이 아닌 꾸준히 들어오는 임대수익이 핵심이다.

| 　　　　　매매 차익보다 훨씬 좋은 임대수익　　　　　 |

매매 차익형 투자는 내가 구입한 가격보다 올라야만 수익이 발생하

는 구조다. 이마저도 세금으로 나가는 돈이 많아서 실제 내 손에 쥐는 돈은 그리 많지 않다. 이에 반해 임대 수익형 투자는 가격이 오르고 내리는 것과 상관이 없다. 매달 고정수입(임대수입)이 발생하기 때문에 가격이 떨어져서 손해를 보고 파는 상황은 발생하지 않는다. 부동산투자를 고려할 때 향후 가치가 오를 지역에서 좀 더 저렴하게 구입해 매매차익을 보려고 기다렸다가 팔고자 하는 사람이 있고, 가격과는 상관없이 매달 월급만큼이라도 정기적으로 월세를 받고자 하는 사람이 있다. 임대 수익형 투자 관점에서 볼 때 대출이자를 제하고 한 달에 50만 원이 되었든 100만 원이 되었든 상관없이 임대료가 나오는 시스템을 만드는 게 중요하다. 임대 수익형 투자는 부동산 하락기에도 충분히 버틸 수 있는 힘이 된다. 그래서 매매 차익형 투자자보다 장기로 보유할 수 있고 금리가 올라도 상관없으며, 장기 보유하게 되면 임대수익은 물론 매매가격까지 오르게 되어 두 마리 토끼를 잡는 것과 같다.

아파트가 점차 이용의 필수재로 전환되면서 시세가 이전처럼 많이 오르지 않는다는 점도 시세차익을 노리는 아파트 투자가 줄어드는 이유다. 우리나라 주거 특성상 여전히 아파트는 가장 편리하고 선호하는 거주 수단인 것은 분명하다. 하지만 이전과 같이 시세차익을 얻기보다는 임대수익으로 보완하는 형태의 투자도 고려해야 한다. 아파트는 초보자도 시세파악이 쉽고 매물이 많아 어렵지 않게 접근할 수 있다. 하지만 아파트의 통상적인 월세 수익률은 4.5~5%로 저조한 편이다. 이를 보완할 수 있는 주거 형태가 바로 다가구주택(원룸건물, 다중주택)이다. 다가구주택은 가구수가 많아 효율적으로 수익률을 올릴 수 있는 부동산 상품인 것이다.

만약에 아파트 투자에 관심은 있는데 이미 오른 아파트 시세는 부담스럽고 월세로 전환했을 때 임대수익률이 기대보다 적거나 투자금액이 부족하다면, 더 적은 금액으로도 투자가 가능한 다가구주택을 노려보는 것이 좋다. 보유하는 기간 동안 임대수익은 물론 향후 매도할 때도 시세차익을 충분히 노려볼 만하다.

이제 부동산은 매매 차익형이 아닌 임대 수익형 시대에 진입했다. 앞으로도 그런 경향은 가속화되어 갈 것이다. 더 이상 아파트로는 시세차익을 기대하기 어렵다. 지금 시기에 부동산을 이용해 수익을 거두는 가장 효과적인 방법은 타인에게 임대를 주고 임대수익을 늘려가는 것이다. 전세의 월세화는 앞으로 피해갈 수 없는 트랜드가 된다는 것을 명심해야 한다.

돈이 없을수록
다가구주택을 사라

    일반 직장인들은 매달 정기적으로 월세를 받으면서 일하지 않고 편안한 노후를 보내고 싶어 한다. 이 중에 가장 선호하는 부동산 상품이 다가구주택(다중주택)이다. 흔히 꼬마빌딩으로 불리기도 한다. 보통 1층은 근린생활시설(흔히 말하는 상가)로 구성하고 2~4층은 임대를 주기도 하며 4층에는 직접 거주하기도 한다. 자신의 자금 상황에 맞게 전세나 월세 임대를 주고 매달 일정한 수익을 얻을 수 있어 매력적이다. 다만 일조권 제한이라는 게 있어 일반주거지역에 정북 방향은 피하는 게 좋다. 4층의 일부 면적이 줄어들기 때문에 세대수가 감소하여 수익적인 부분에서 손해를 볼 수 있다.

    통상 내 집을 장만한다고 하면 대부분 아파트를 생각한다. 하지만 나는 아파트가 아닌 다른 주거 형태의 집을 이야기하려고 한다. 바로 내가 직접 거주도 할 수 있고 임대수익도 얻을 수 있는 다가구주택이다. 다가구주택은 종합부동산 등 다주택자들에 대한 세금이 부담스러운 지금 시기에 딱 알맞은 주택이다. 그러나 한편으로는 많은 사람이 생각하는 기존 통념과는 거리가 있어 조심스럽지만, '집'에 대한 관점을 바꾸고 임대수입이 발생하는 주거 형태에 포커스를 맞춰야 하는 것은 분명하다.

젊은층이 선호하는 원룸과 투룸

그렇다면 주로 원룸이나 투룸으로 구성된 다가구주택의 임차인 연령대는 어떻게 될까? 주로 사회초년생이나 20~30대 사람들로 구성되어 있다. 그렇기 때문에 교통이 편리하고 편의시설이 잘 갖추어져 있는 지역이 공실에 대한 우려 없이 안정적인 운영이 용이하다. 따라서 안정적인 임대수입을 얻고자 한다면 인구가 꾸준히 늘어나는 지역, 일자리가 늘어나고 젊은 층이 많이 모여 사는 공장 주변 등에 투자하는 것이 좋다. 하지만 대학가 주변은 예외다. 대학가는 학생 층의 임대수요가 풍부하다고 생각할 수 있지만, 계절별 임차인 이동이 심하고 연말이나 연초에 임대를 채우지 못하면 1년 내내 공실로 남을 확률이 높다. 또 대학생들이 많이 모여 있는 대학가 주변은 시끄럽고 기숙사 같은 느낌 때문에 직장인들의 기피 지역이기도 하다. 오로지 대학생들만이 임차인의 대부분을 차지하기 때문에 대학가 주변의 다가구주택은 투자에 주의해야 한다.

지방에 있는 대학가 주변 원룸건물이 저렴하게 나왔다고 해도 매입하는 데 조심해야 한다. 학령인구 감소에 따른 대학의 정원감축이 가속화되고 있고, 대학이 기숙사를 증축하면서 수요보다 공급이 많아지고 있는 상황이다. 이와 더불어 최신식 오피스텔이 우후죽순으로 생기면서 대학가 원룸의 공실은 더 늘어나게 될 것이다. 그럼에도 불구하고 가구수가 많은 다가구주택이 좋은 이유에 대해서 알아보자.

┃ 자본금이 부족한 사람에게 최고의 투자처 ┃

첫째, 원룸 전세금 정도인 적은 종잣돈으로도 투자가 가능하다. 아파트나 다세대주택은 한 가구가 살기 때문에 전세보증금을 이용하는 데 한계가 있지만, 다가구주택은 투자금이 적더라도 여러 가구에서 나오는 전세보증금을 이용할 수 있기 때문에 투자금이 많지 않아도 충분히 가능하다. 10가구로 구성된 원룸건물보다 19가구로 구성된 원룸건물이 훨씬 투자금이 적게 든다는 말이다. 실제로 5,000만 원으로도 원룸 14개로 구성된 다가구주택을 매입하는 게 가능하다. 물론 원룸 가구의 대부분이 전세로 맞춰져 있기 때문에 임대수입이 나오진 않지만, 매입에 있어서 그만큼 투자금액이 적게 든다는 것이다. 투자금이 많아 처음부터 월세가 많이 나오는 건물을 매입하면 좋겠지만,

자금이 부족한 분들은 초기에 투자금을 최소화하는 게 중요하다. 이후 근로소득(사업소득)을 모아서 전세를 하나씩 월세로 전환하면 임대수익은 늘어나게 된다. 지인 중 한 분은 원룸 오피스텔 건물 48호실(매매가 35억 원)을 투자금 5억 원으로 매입했다고 한다.

이처럼 건물의 규모를 떠나 자신의 자본에 맞게 발품을 찾다 보면 생각보다 적은 금액으로 흔히 꼬마빌딩이라고 하는 건물의 주인이 될 수 있다. 월급을 모아 한 가구씩 월세로 전환하고 이후 월급과 월세를 모아 다음 전세를 월세로 전환하는 걸 확장하는 것이다. 이렇게 되면 월세 소득이 늘어나면서 건물 수익률이 증가하고 장기적으로 볼 때 건물 가치도 상승하게 된다. 임대수입으로 한 달에 5,000만 원에서 1억 원에 가까운 자본수입을 얻는 분들은 다들 이렇게 시작한다. 초기 자산을 모으는 데는 시간도 오래 걸리고 더디지만, 월세로 전환하며 늘어나는 임대수입(자산)의 속도는 점점 빨라진다.

둘째, 온전히 도시지역에 내 토지를 소유하게 된다. 아파트나 오피스텔은 집합건물로서 대지지분으로 구성되어 있어 총 토지의 얼마 정도를 지분으로 갖게 되는데, 이는 기껏해야 10평 안팎이다. 하지만 다가구주택은 작게는 40평대에서 80평대까지 하나의 단독 필지를 소유하게 된다. 토지의 크기는 아파트의 대지지분과 비교할 수 없을 만큼 크다. 부동산의 근원은 토지다. 내가 가진 토지가 80평이라고 가정했을 때 1년에 평(3.3㎡)당 100만 원이 오른다면 8,000만 원이 상승하는 효과를 볼 수 있다. 물론 건물이라는 것은 감가상각이 되기 때문에 가격이 떨어질 수밖에 없다. 하지만 토지 가격은 지속적으로 상승하기 때문에 전체 건물 매매가는 우상향할 수밖에 없는 것이다.

셋째, 원한다면 언제든지 재건축을 이용해 가치를 높일 수 있다. 신축으로 진행(시행)하거나 신축한 지 몇 년 지난 건물이 아닌 이상 10년 이상 된 건물을 매입하게 되면 금세 노후가 되지만 언제든지 재건축을 통해 신축이 가능하다.

넷째, 여러 가구로 구성되어 있기 때문에 전세를 월세로 전환하는 게 유리하다. 초기 투자금이 부족해서 대출과 전세보증금을 이용해 매입했다고 하더라도 근로소득(사업소득)을 차곡차곡 모아 월세로 전환하게 되면 안정적인 수입원이 창출된다.

이처럼 다가구주택은 전세보증금을 이용해 70~80평대 단독필지인 토지를 소유하면서도 물가상승률 이상의 지가상승과 꾸준한 임대수입을 동시에 얻을 수 있기 때문에 투자금이 부족한 사람들에게는 최고의 투자수단이라고 할 수 있다.

주택의 종류

주택은 크게 단독주택과 공동주택으로 나눌 수 있다. 우리가 흔히 알고 있는 단층으로 구성된 건물이 단독주택이고 세부적으로는 네 종류로 나뉜다. 먼저, 학생이나 직장인 등 다수가 장기적으로 거주할 수 있는 구조로서 독립된 주거 형태인 다중주택이 있다. 두 번째는 주택으로 사용하는 면적이 지하층을 제외한 3개 층 이하이면서 호수별로 나누어 개별 매매가 불가능한 다가구주택이 있다. 세 번째는 '공관'이다. 마지막으로 다중주택이 있는데, 다중주택이 바로 여기서 알아야 할 주거 형태이다. 2021년 6월 16일 기준, 다중주택은 다가구주택과 동일하게 규정 제한이 적용되어 동일 토지 평수 대비 수익률이 대폭 상승하였다.

다중주택은 다수가 장기간 거주할 수 있도록 한 주거 형태이다. 일반 원룸과 다르게 방이나 욕실과 같은 독립공간은 가능하지만 취사는 공동으로 사용해야 한다는 단점이 있다. 쉽게 말해 쉐어하우스나 게스트하우스 등과 같은 형태로 보면 된다. 다중주택은 1인 가구 등을 위한 구조다 보니 주차장 규제에서 다소 자유롭다. 최대 3대만 확보해

	개정 전	개정 후
다중주택 (해당 요건을 모두 갖출 것)	1) 학생 또는 직장인 등 여러 사람이 장기간 거주할 수 있는 구조로 되어 있는 것 2) 독립된 주거의 형태를 갖추지 아니한 것(각 실별로 욕실은 설치할 수 있으나, 취사 시설은 설치하지 아니한 것을 말한다. 이하 같다.) 3) 1개 동의 주택으로 쓰이는 바닥면적의 합계가 100평(330㎡) 이하이고 주택으로 쓰는 층수(지하층은 제외한다.)가 3개 층 이하일 것	1) 학생 또는 직장인 등 여러 사람이 장기간 거주할 수 있는 구조로 되어 있는 것 2) 독립된 주거의 형태를 갖추지 않은 것(각 실별로 욕실은 설치할 수 있으나, 취사 시설은 설치하지 않은 것을 말한다.) 3) 1개 동의 주택으로 쓰이는 바닥면적(부설 주차장 면적은 제외한다. 이하 같다.)의 합계가 200평(660제곱미터) 이하이고 주택으로 쓰는 층수(지하층은 제외한다.)가 3개 층 이하일 것. 다만, 1층 전부 또는 일부를 필로티 구조로 하여 주차장으로 사용하고 나머지 부분을 주택 외의 용도로 쓰는 경우에는 해당 층을 주택의 층수에서 제외한다. 4) 적정한 주거환경을 조성하기 위하여 건축조례로 정하는 실별 최소 면적, 창문의 설치 및 크기 등의 기준에 적합할 것

도 20가구까지 가능하다.

규제가 바뀌면서 다중주택도 다가구주택과 규모 제한이 동일해졌다. 다중주택 허용 규모가 바닥면적 100평(330㎡)에서 200평(660㎡)으로 확대되었고, 3개 층에서 4개 층(필로티 구조)으로 변경되었다(1층의 일부를 필로티 구조로 하여 주차장으로 사용 시 나머지를 주택 외 용도로 쓸 경우 해당 층을 층수에서 제외). 기존 세대수의 2배까지 건축이 가능해진 것이다. 예를 들어 개정 전에는 방을 10개까지 만들 수 있었다면 이제는 20개까지 만들 수 있다. 가구수는 수익률과 직결되기 때문에 수익률이 올라가게 된다.

간단하게 다중주택의 장점을 다섯 가지로 정리해 보겠다. 첫 번째, 투자수익률이 비교적 높다. 다가구주택, 도시형생활주택, 아파트 연립주택 등 많이 있는데 임대수익을 목적으로 했을 때 수익률이 가장 높은 것은 바로 다중주택이다. 주차장법이 완화되었고 면적 대비 수익률이 높기 때문이다.

두 번째, 소액으로도 건물주가 될 수 있다. 서울의 경우 6억 원 전후로도 4층짜리 건물주가 가능하다. 대지는 30평만 되어도 건축이 가능하며 제1종 일반주거지역에서도 가성비가 높다.

세 번째, 매매차익과 임대수익을 동시에 얻을 수 있다. 신축 시 보유 중에는 임대수익이 발생하고 향후 매도 시에도 충분히 차익을 남길 수 있다. 신축할 때 차익이 발생하고 시간이 지나 지가상승 등 자연적으로 가치가 올라가기 때문에 매매차익도 가능하다. 신축을 해서 바로 되팔아도 2억 원 이상의 매매차익을 노려볼 수 있다.

네 번째, 1세대 1주택으로 양도세 비과세 혜택을 볼 수 있다. 다중주택은 원룸 가구수가 몇 개이든 상관없이 단독주택으로서 1주택에 해당되기 때문에 양도세 비과세 혜택을 볼 수 있다.

다섯 번째, 은퇴 후 안정적인 현금흐름(파이프라인)이 발생한다. 아파트 한 채로는 노후 준비를 할 수 없다. 거주도 해야 하기 때문에 거주와 동시에 임대수익을 얻을 수 있는 안정적인 노후 재테크인 셈이다.

다가구주택(다중주택)은 투자금 대비 높은 수익률을 얻을 수 있는 가장 효율적인 부동산 상품 중 하나다. 또한 빠른 시간 내에 투자할수록 유리하다. 시간이 지날수록 토지 가격과 건축비는 올라가고 그만큼 수익률은 떨어지기 때문이다. 다가구주택을 통해 잘 설계해놓은 파이프라인은 은퇴 후에 훌륭한 수입원이 될 것이다.

나에게는 몇 개의
파이프라인이 있는가

이번에는 자산가치가 아닌 자본소득이 얼마나 들어오는지에 대해 말하고자 한다. 잠깐 내 이야기를 해보겠다. 나는 파이프라인을 만들어서 현재 월 1,000만 원의 임대수입을 얻고 있다. 최종 목표는 5년 안에 월 2,000만 원의 파이프라인을 만드는 것이다. 매달 자동으로 들어오는 파이프라인을 만들 때는 처음부터 목표 금액을 높게 계획하지 않아도 된다. 단 30만 원이라도 월세의 맛(?)을 느껴보게 되면 자본(임대)수입이 얼마나 좋은지 알 수 있을 것이다.

돈과 시간으로부터 자유로워지기 위해서, 즉 경제적 자유를 얻기 위해서는 자신의 욕구에 맞게 액수를 미리 정해놓고 투자계획을 세워야 한다. 그러면 300만 원, 400만 원, 700만 원, 1,000만 원 등 처음 시작할 때보다 빠르고 쉽게 목표에 도달할 수 있을 것이다. 다시 한번 말하지만 경제적 자유를 조금이라도 빨리 이루기 위해서는, 총 자산 금액으로 목표를 정하는 게 아니라 매월 얼마가 들어오는지에 중점을 두어야 한다.

예를 들어 예금금리 기준으로 10억 원이 있어야 월 250만 원의 소득이 들어올 수 있지만, 수익형부동산의 경우 어떻게 투자하느냐에 따라 2억 원 미만의 돈으로도 월 250만 원이 들어올 수 있다. 그리고 그 250만 원은 더 빠르고 쉽게 500만 원으로 커지게 된다. 이 두 경우만 놓고 보아도 파이프라인을 만드는 데 걸리는 시간이 크게 차이가 나는 것을 알 수 있다. 파이프라인을 만들어 주는 도구인 수익형부동산은, 인플레이션과 물가상승률에 맞추어 그 가치가 스스로 커지기 때문에 노후 걱정을 하지 않아도 매월 자동적으로 수익이 확보되는 것이다.

모든 일에는 순서가 있다. 투자에도 예외는 없다. 서행차선이 아닌 추월차선에 서기 위해서는 계획을 세우고 시작하는 게 중요하다. 파이프라인을 월 5,000만 원 이상 만든 사람도 처음부터 그렇게 시작한 건 아니다. 모든 것에는 단계가 있고 시간도 필요하다. 단시간에 얻을 수 있는 한방은 없으며, 세상에 공짜 점심은 없다. 스스로 하나씩 경험하면서 파이를 키워나가야지 자신만의 노하우가 쌓이게 되며 오롯이 자기 것이 된다. 건물 관리나 세입자 관리도 처음부터 50채, 100채는 힘에 부친다. 나도 현재 40채의 세입자를 관리하지만 처음부터 잘했던 것은 아니다. 한 집, 두 집부터 점점 늘어나면서 경험이 쌓이고 자신만의 노하우가 생기게 되는 것이다.

내 인생 첫 투자를 계획한다면

만일 내가 다시 사회초년생으로 돌아간다면 파이프라인을 만들기 위해 다음과 같이 투자할 것이다. 일단 무엇보다 중요한 것은 거주지와 투자할 곳을 분리하는 것이다. 주거비용을 최대한 줄여서 종자돈을 만들어야 한다. 먼저 직장에서 가까운 지역에 있는 오래된 다가구 주택의 원룸이나 옥탑방을 거주지로 선택한다. 그런 곳은 월세가 저렴하고 관리비 또한 적기 때문이다. 종잣돈이 모이면 소형 아파트 한 채를 매입한다(첫 투자는 빌라나 오피스텔이 아닌 소형 평수의 아파트를 추천한다. 빌라의 경우 매매가 시세파악이 어려워 비싸게 구입하는 실수를 범할 수 있고, 향후 매도할 때 환금성이 떨어지기 때문이다). 임대를 줄 때 대출을 이용해서라도 전세가 아닌 월세를 주어야 한다. 적은 금액이라도 매달 월세가 나오는 구조는 만드는 게 중요하다. 그렇게 하여 자신의 월급과 아파트에서 나오는 월세를 아끼고 모아서 대출을 상환하는 것이다.

여기서 주의해야 할 점이 있다. 바로 소형 평수의 아파트를 구입해서 대출을 상환할 때쯤 30평대로 확장해서 신규 아파트를 분양받는다거나 직접 입주하는 것, 이사를 하고 나서 대출금을 거의 상환해 갈 때쯤 더 큰 40평대로 이사를 하거나 더 좋은 핵심 지역의 동일 평수로 갈아타는 것이다. 이게 많은 사람이 파이프라인을 만들지 못하는 이유이기도 하다. 일명 '똘똘한 아파트' 한 채를 가지려고 하면, 평생 살아도 아파트 한 채밖에 가질 수 없다. 평생 대출이자만 갚다가 끝나게 되는 것이다. 아파트는 임대수입이 전혀 발생하지 않고 부채도 있어 온전히 100% 내 것도 아니다. 은퇴가 코앞인데 국민연금과 주택담보연금만으로는 풍족한 노후를 보낼 수 없다. 다시 말해 이 시스템으로는 경제적 자유를 결코 얻을 수 없다는 것이다. 결국 내가 사는 집(주거비용)을 줄이고 투자할 집(임대수익)을 늘리는 게 관건이다.

비록 40~50만 원의 적은 금액이지만 소형 아파트에서 월세를 받게 된다면, 좀 더 그 금액을 키우고 싶은 욕심이 생길 것이다. 소형 아파트는 환금성이 좋기 때문에 쉽고 빠르게 현금화할 수 있다. 매매차액이 생기면 대출과 전세보증금을 이용해 다가구주택을 통째로 매입할 수 있다. 단, 토지 가격이 상승할 지역을 미리 선점해서 급매로 나온 물건을 선택해야 한다. 토지 가격이 이미 오른 지역이나 상권이 잘 형성된 곳에서 이런 다가구주택을 구하는 것은 매우 어렵다. 그런 지역은 토지 가격이 많이 올라서 전세보증금을 이용한다고 하더라도 차이가 크기 때문이다.

| 지어진 집을 살까, 내가 지어서 살까 |

다가구주택을 매입하는 방법은 두 가지가 있다. 하나는 지은 지 20년 이상 된 다가구주택을 매입하는 것이다. 20년 이상 된 건물들은 매

매 관행상 건물값을 산정하지 않고 토지 가격만 계산해서 거래된다. 궁극적으로 다가구주택 건물 한 채를 구입하는 비용이 웬만한 아파트 한 채를 구입하는 것보다 훨씬 저렴하다. 이는 건물주가 직접 거주하는 주인 세대 외에 여러 세대(4~8세대)를 임대할 수 있어 타인의 자본(전세보증금)을 활용할 수 있기 때문이다.

　나머지 하나는 드물지만 건설회사가 건축하고 있는 건물을 준공하기 전에 매입하는 것이다. 현재는 전세금이 많이 올라있는 상태다. 모두 전세로 임대하면 자신의 투자금을 최소화할 수 있다. 이게 어떻게 가능할까? 건물의 수익률이 좋고 토지의 미래가치가 높다고 생각되는 곳이 있다고 가정해 보자. 그 가치에 대한 평가가 이루어지지 않은 상태에서 토지담보대출과 건물담보대출, 전세보증금을 받았을 때 토지 가격과 건축비를 넘을 것으로 예상되고 절대 공실이 나지 않을 것 같다면, 2~3억 원의 소액으로도 신축 건물을 매입할 수 있다. 앞에서 언급한 대로 다가구주택의 장점은 건물에 여러 가구가 있어 그걸 최대한 활용해서 실제로 들어가는 투자금을 최소화할 수 있다는 점이다. 지금과 같은 저금리 시대에 훌륭한 파이프라인이 생기는 것이다. 보통 5~6%의 월세 전환이 가능하므로 은행이자에 비할 바가 아니다.

　자산이 아파트 한 채가 전부인 은퇴 예정자는 '퇴직 후 어떻게 생활비를 마련할 것인가?'를 고민할 것이다. 평생 직장 생활만 해온 사람이 퇴직금으로 외식업 창업을 한다거나 프랜차이즈 창업에 손을 댄 순간 한 방에 까먹기 쉽다. 나는 사회초년생은 물론 퇴직을 앞두고 있는 분들에게 다가구주택 매입을 추천한다. 자신이 직접 거주하면서도 고정적으로 들어오는 임대수입은 그 무엇과 비교할 수 없다.

　파이프라인을 만들었다면 장기간 보유하는 게 정답이다. 주택은 높은 재화이기 때문에 거래에 따른 양도세 등 각종 세금이 크다. 보유하는 동안 임대수입과 토지 가격 상승도 동시에 느낄 수 있기 때문에 오랫동안 보유하면서 다가구주택을 더 늘려가는 것도 좋은 방법이다. 장기임대사업자로 등록하면 절세 효과도 누릴 수 있기 때문에 보유하는 동안 마르지 않는 샘물처럼 풍족한 노후를 보낼 수 있다.

인구가 줄어들면
부동산이 하락한다?

　사상 처음으로 우리나라 총인구가 감소할 것으로 예상되었던 시점보다 8년이 앞당겨졌다. 저출산에 따른 인구 감소가 본격화되면서 덩달아 이러한 인구변화가 부동산시장에 어떤 영향을 미치게 될까 하는 관심도 커지고 있다. 지금처럼 해마다 인구가 줄고, 그에 따라 수요도 줄게 되면 주택 가격은 어떻게 될까? 부동산은 올라갈까, 내려갈까? 베이비붐 세대가 은퇴하면서 인구가 줄어 당연히 주택 가격도 하락할 것 같다는 생각이 들겠지만, 통계청에서 발표한 '2021 통계로 보인 1인 가구' 자료를 보면 그렇지 않다. 인구가 감소하더라도 가구 분화로 1~2인 가구가 늘기 때문에 총 가구수는 증가한다는 것이다.

인구가 줄어도 '가구수'는 증가한다

행정안전부에 따르면 2020년 전체 가구에서 1인 가구가 차지하는 비중은 39.2%로, 2인 가구 23.4%, 3인 가구 17.4%, 4인 가구 20%를 크게 압도했다. 1인 가구의 소득 및 자산 등의 경제력은 4인 가구 대비 크게 떨어진다. 경제활동이 끝난 노인 인구를 중심으로 1인 가구가 집중적으로 늘고 있기 때문이다. 낮은 자산을 반영하듯 주거면적도 1인 가구의 50.5%가 전용면적 12평(40㎡) 이하에 거주하고 있다. 이 같은 점을 고려하면 1인 가구의 대부분은 큰 평수의 주택을 구입할 경쟁력이 부족할 것으로 판단할 수 있다. 그렇다면 현 상황에 적합한 투자에는 어떤 게 있을까? 바로 원룸이나 원룸형 오피스텔에서 답을 찾을 수 있다.

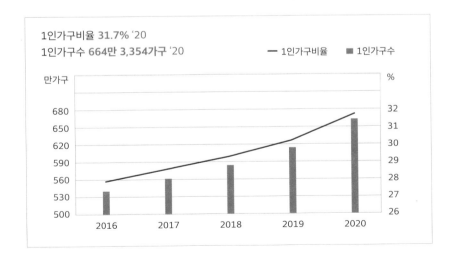

상업용부동산이 아닌 주거용부동산을 수익형으로 접근하기 위해서는 원룸 구조의 주택이 가장 적합하다. '원룸'은 공식적인 용어는 아니다. 방 하나가 있으면 원룸이라 칭하고, 거실이 있고 분리되어 있으면 1.5룸으로 불린다. 방이 2개면 투룸이라고 한다.

아파트에 투자하는 사람들은 매입 시기를 두고 고민을 많이 한다. 자신이 구입한 시점이 고점은 아닌지, 가격이 떨어져 손해를 보는 건 아닌지 등의 걱정 때문에 항상 시세동향에 귀를 기울인다. 반면 월세를 받는 게 주목적인 다가구주택이나 원룸건물은 시세에 영향을 덜 받는다. 상승기에 접어들 때 아파트처럼 눈에 띄게 오르지는 않지만, 임대수익이 목적이기 때문에 상승기와 하락기에 상관없이 꾸준히 물가상승률 이상으로 수입을 창출하며 시간이 지날수록 지가상승으로 건물의 가치는 자연스럽게 올라가게 된다.

여기서 중요한 것은, 내가 투자할 부동산이 어느 지역에 속하는지를 꼼꼼히 따져봐야 한다는 점이다. 인구가 꾸준히 증가하고 일자리도 늘어나 젊은 층이 많이 모이는 지역이 공실이 없어 관리하기가 쉽다. 2012년부터 주택법 개정으로 주차대수 규정이 대폭 강화되었다. 쉽게 말해, 세대수에 따라 주차장을 확보해야 하기 때문에 기존 건물들보다 수익성이 떨어진다고 볼 수 있다. 그렇기 때문에 주차장 확보 대비 대비 세대수가 많은 건물, 즉 주택법 개정 전에 지어진 상태가 양호한 건물을 찾는 데 심혈을 기울여야 한다.

2장

집값은
결국
땅값

'부동산=아파트'라는 잘못된 공식

    나는 고등학교 3학년이 될 때까지 내 방이 없었다. 부모님이 운영하시는 가게 뒤에 연결된 12평 정도의 작은 방에 네 식구가 살았다. 그 당시 꿈은 내 방이 생기는 거였다. 지금 와서 돌이켜 생각해 보면 건물주가 될 수 있었던 이유는 어릴 적 내 방 하나 없는 서러움이 8할이었던 것 같다. 가끔 아파트에 사는 친구 집에 놀러 가면 입이 다물어지지 않았다. 경비실과 승강기도 낯설고, 집 안에 화장실이 있다는 것도 정말 새로웠다. 아마도 아파트에 대한 환상도 이때부터 커진 게 아닐까 싶다.

    지금 이 책을 읽는 독자들도 나와 연배가 비슷하리라 생각한다. 수익형부동산에 대해 공부하지 않았다면 대부분 아파트를 쉽게 투자처로 생각하고 신혼집을 아파트로 시작한다. 그렇게 하는 것이 마치 공식이라도 되는 것처럼 말이다.

보통 일반 직장인은 결혼을 해서 20평대 집을 장만하고, 대출이자를 갚아나가면서 생활을 한다. 아이가 크면 좀 더 넓은 30평대로 집을 늘리고, 그러다 여유가 생기면 40평대로 늘려간다. 평수가 늘어날수록 대출이자 또한 늘어나게 된다. 어떻게 생각하면 평범하고 지극히 정상적이라고 볼 수 있다. 주위를 둘러봐도 다들 그렇게 하니까 그게 맞는 것 같아 보인다. 하지만 회사에서 열심히 야근과 특근을 하고 투잡을 뛰어도 살림이 나아지지 않는 것처럼, 아파트에만 투자하는 것은 분명 한계가 있다.

아파트의 결정적 약점, 대지지분

사실 생활하는 데 있어 아파트만큼 편리한 것은 없다. 대부분 이러한 이유로 아파트에 거주하려고 한다. 하지만 주상복합아파트부터 타운하우스, 일반 아파트, 오피스텔, 빌라, 다가구주택, 전원주택 등 주택의 종류는 다양하다. 주상복합의 경우 상업지역에 위치하고 있고 건물 안에 영화관, 음식점, 피트니스 센터, 병원 등이 입점해 있어 생활하기 더욱 편리하다. 하지만 각종 관리비가 일반 아파트에 비해 2배 가까이 나간다. 부동산에 대해 잘 몰랐을 때는 넓은 평수의 아파트나 지역의 랜드마크로 여겨지는 주상복합에 사는 것을 항상 꿈꿔왔다.

어릴 적 내 방 하나 없이 유년 시절을 보낸 기억 때문일까. 넓고 고급스러운 아파트에 사는 것만이 성공이라고 생각했다. 하지만 아파트와 토지 투자에 몇 차례 실패하고 나서야 겨우 부동산의 근원에 대해 알 수 있었다. 부동산의 근원은 바로 토지인데, 토지는 이동할 수 없고 면적을 늘릴 수 없기 때문에 입지가 무엇보다 중요하다는 사실을 뒤늦게 깨달았던 것이다.

따라서 부동산의 베이스는 토지라고 볼 수 있다. 단순히 토지가 되었든 건물을 깔고 앉은 토지가 되었든 기본적으로 토지의 개념을 잘 이해해야 한다. 일반인들이 쉽게 투자하는 것은 주로 아파트나 상가, 오피스텔 등이다. 주위에서 쉽게 볼 수 있고 매매가격 확인도 용이한 편이다. 이들의 공통점은 무엇일까? 바로 토지를 집단으로 공유한다는 사실이다. 이것은 집합건물에 해당한다. 여러분이 살고 있는 아파트도 공유면적과 전용면적으로 구분이 되는데, 34평 아파트에 산다고 하더라도 전용면적은 25평 정도이고, 실제 대지지분은 10평 이하다. 서울의 일부 아파트 가격이 올랐다면 해당 지가가 올라서 아파트 가격이 올랐다고 보면 된다.

토지를 지분으로 공유하는 방식이 아닌 단독으로 100% 소유할 수 있는 부동산은 뭐가 있을까? 바로 다가구주택이다. 다가구주택은 한 건물에 여러 세대가 함께 살고 있지만 개별 등기가 안 되며 주인이 단 한 명이다. 흔히 말하는 건물주라고 보면 된다. 다가구주택, 다세대주택 용어가 비슷해서 구분을 못하는 분들도 많다. 흔히 빌라로 불리는 주택이 다세대주택이다. 하지만 외관상으로는 식별이 어렵다. 등기부등본을 발급해 보면 집합건물과 대지권 비율로 별도 표기되어 정확하게 구분할 수 있다.

단독주택에 속하는 다가구주택은 주택으로 사용하는 면적이 지하층을 제외한 3개 층 이하면서 세대별로 개별 분양이 불가능하다. 반면 공동주택에 속하는 다세대주택은 연면적 200평(660㎡) 이하이고, 층수는 지하층을 제외한 4개 층 이하다. 예를 들어 다세대주택의 경우 세대수가 19세대라고 하면 주인은 몇 명일까? 바로 19명이다. 하지만 다가구주택의 경우 19세대라고 하더라도 주인은 단 한 명이다.

몇 년 전, 오피스텔 투자가 유행이었다. 오피스텔은 아파트보다 매매가격이 낮기 때문에 투자금 또한 적게 들어간다. 1억 원 안팎의 돈으로 월세와 매매차익을 동시에 노려볼 생각으로 투자를 하지만, 적은 평수(50평 이하)의 토지만 있어도 신규 오피스텔이 지어지면서 수익률은 갈수록 낮아지고 있다. 세금적인 부분에서도 아파트와 달리 주택법이 아닌 건축법이 적용되어서 취등록세 또한 많이 필요하다. 이러한 이유로 오피스텔은 아파트에 비해 활용도가 훨씬 떨어진다.

지인 중 한 분은 오피스텔을 분양받고 임대가 늦게 맞춰진 데다 예상했던 임대가격보다 낮아 생각보다 수익률이 좋지 않았다. 더불어 2년이 채 안 되어 바로 옆에 신축 오피스텔이 착공에 들어가면서 임대기간이 끝나면 임차인을 맞추지 못할까 걱정을 많이 하고 있다. 이처럼 오피스텔을 신규로 분양받는 것도 위험하고 10년이 지난 오래된 오피스텔을 매입하는 것도 위험성이 높다. 아파트에 비해 대지지분이 적은 오피스텔은 대부분 상업용지나 준주거용지에 위치하고 있어 대지지분이 5평도 채 되지 않는다. 부동산의 근원인 토지 평수를 생각하면 지양해야 할 부동산 중 하나이다. 3억 원 이하의 돈으로 오피스텔 두세 채를 구입할 생각이라면, 지역을 옮겨 택지지구 내 땅을 사서 건축하는 게 여러 채의 오피스텔을 소유하는 것보다 훨씬 낫다. 수익률은 물론이고 시간이 지날수록 토지의 가치상승을 함께 맛보기 때문이다.

대지지분 5평도 안 되는 오피스텔 또는 대지지분 10평 안 되는 아파트나 주상복합이 아니라, 수십 년 후에도 나의 의지대로 재건축이 가능한 다가구주택이 좋은 투자방법이 될 수 있다. 시간이 지날수록 전세보증금과 토지 가격은 우상향하게 되어있다. 대지지분이 많은 다가구주택은 호황기는 물론 지금처럼 경기가 안 좋은 침체기에도 영향을 적게 받으며 꾸준히 상승하는 만큼 현 시점에 가장 알맞은 투자처로 생각한다.

| 아파트 살 돈이면 월세 받을 수 있다 |

지난 몇 년간 서울의 땅값은 상상 이상으로 많이 올랐다. 비단 서울만의 이야기는 아니다. 현장을 다니며 직접 확인한 결과 수도권 도시지역 거의 대부분에서 나타난 공통된 현상이었다. 매달 받는 급여가 정해진 일반 직장인이 도시지역에 대지평수를 최대한 확보하는 방법에는 뭐가 있을까? 바로 임차인들의 전세보증금을 활용해 건물을 소유할 수 있는 다가구주택을 매입하는 것이다. 고객 중 한 분은 아파트를 매입할 돈이 없어 서울에 대지평수 30평이 조금 넘는 다가구주택을 매입하여 임차인의 전세보증금을 최대한 활용해 반지층에 직접 거주했다. 10년이 지난 지금은 3층 주인 세대로 옮겨 살고 있고, 그동안 토지 가격이 많이 올라 리모델링을 생각하고 있다. 오래된 구옥의 경우 리모델링이 가능한 건물과 가능하지 않은 건물로 나뉘는데 좀 더 자세한 내용은 뒤에서 다루도록 하겠다.

다가구주택 매입에 있어 신축도 좋은 방법이지만 구옥을 매입해서 리모델링하거나 철거하고 신축을 하는 것도 좋은 방법이다. 하지만 무엇보다 중요한 것은 리모델링과 철거 후 신축할 수 있는 건물(토지)을 알아보는 안목이다.

현명한 투자란 자신의 엉덩이에 깔고 앉은 부동산(아파트)을 제외하고 타인에게 임대하는 주택을 늘려 지속적으로 임대수익이 발생하는 것이라고 생각한다. 그렇기 때문에 파이프라인이 갖춰지기 전까지는 좋은 아파트에 살고 싶은 마음을 잠시 접어둘 필요가 있다. 아파트를 사지 말라는 얘기는 절대 아니니 오해하지 말길 바란다. 우선, 대지지분이 적은 집합건물인 아파트의 한계를 이해하고 지금부터라도 대지평수를 늘리는 것에 집중하자.

내 돈 0원으로
건물주가 된 젊은 부부

"수중에 가진 돈이 얼마 없어서……."
"돈도 없는데 내 주제에 무슨 건물을……."

　다가구주택을 추천하면 대부분 이렇게 말한다. 물론 틀린 말은 아니다. 시스템을 잘 모른 채 상식적으로만 생각하면 그렇게 볼 수도 있다. 이러한 이유로 나는 부동산투자의 기본을 의식의 그릇을 키우는 것이라고 생각한다. 그릇이 작으면 기회가 와도 잡지 못하고 만약 운이 좋아 잡았다고 한들 온전히 내 것이 아니다. 자산의 크기만큼 의식 수준도 비례한다고 생각한다.

　드물긴 하지만, 투자금액이 적게 들거나 투자금 없이도 건물을 매입하는 경우도 있다. 이게 무슨 소리인가 싶을 것이다. 물론 취득에 필요한 세금은 있어야 하겠지만, 돈이 아예 들지 않는 물건도 있다는 말이다. 믿기지 않겠지만 최근까지도 내 돈을 투자하지 않는 것은 물론, 오히려 몇천만 원을 받고 건물을 매입하는 경우를 종종 보아왔다. 물론 이런 시기는 임대수요 대비 공급(주택)이 부족해서 전세보증금 상승이 건물 매매가를 훨씬 앞지를 때 가능하다. 내 경험상 항상 매매가가 오르게 되어있다.

이런 물건을 접하면 강의나 컨설팅을 통해 주변에 소개하기도 하는데, 그렇다고 모두가 그 기회를 잡는 것은 아니다. 기회는 아는 사람의 몫이며 잡는 사람만이 주인이 된다. 또 기회는 고민하고 실천하는 자의 몫이지만, '이렇게 좋은 물건이 왜 나왔을까?' '이렇게 나온 물건에는 분명 내가 모르는 무슨 이유가 있을 거야!' 하며 우리가 망설이는 시간까지 기다려 주지는 않는다.

목돈 없이 시작하는 부동산투자

수도권에서 1층에 근린생활시설이 들어있는 4층 상가주택의 건물 가격이 10억 원 이하인 데는 거의 없다. 하지만 최근 내 컨설팅으로 4층 상가주택을 소유하게 된 사례가 있어 여기서 소개하려고 한다. 건물 매매가격은 9억 원도 아닌 정확히 8억 9,800만 원이다. 보증금 합계는 5억 9,800만 원이고 대출은 토지와 건물 포함해서 3억 원이었다.

그렇다면 투자금액은 얼마가 필요할까? 그렇다. 투자금액은 0원이다. 현재 이 건물에서 나오는 월세는 169만 원이며 3억 원의 대출이자는 87만 원이다. 내 돈 하나 들이지 않고 매달 80만 원의 임대수익이 발생한다. 놀랍지 않은가? 단지 소유권 이전 시 취등록세 비용인 2,000만 원이 들어갔을 뿐이다. '일찍 일어나는 새가 벌레를 잡아먹는다'라는 속담이 있듯이 부지런하고 재빠르게 움직이는 사람의 몫인 것이다.

부산 롯데백화점 두 지점에서 강의를 하고 올라오는 길에 주변에 소개했던 물건의 문의 전화를 받았다. 문의 전화를 했던 부부는 저녁 늦게까지 나를 기다렸다가 바로 계약금을 넣고 그 자리에서 계약을 했다. 시간도 늦었고 장거리 운전이라 상담을 다음 날로 미루자는 나의 말에도 아랑곳하지 않고 늦은 시간까지 기다린 부부는 결국 기회를 얻게 된 것이다.

또 다른 사례를 보자. 준공된 지 6년 된 3층 다가구주택이 있다. 매매가격은 7억 3,500만 원이다. 전세보증금 합계는 4억 8,500만 원이고, 대출은 2억 7,000만 원이다. 그렇다면 투자금액은 얼마가 필요할까? 이 물건은 오히려 2,000만 원이 남게 된다. 다시 말해서 매도자에게 2,000만 원을 받고 건물을 인수하는 조건이라는 말이다. 취등록세 비용도 별도로 필요하지 않게 된다. 2,000만 원 받은 돈으로 등기 비용을 내고 나면 내 돈은 전혀 들지 않는다. 이게 정말 말이 되는 소리인가 싶겠지만, 이런 일은 주위에서 비일비재하게 일어나고 있다.

사람들은 꼭 직접 보고 경험을 해봐야만 그 사실을 믿고 받아들이는 경향이 있다. 보지 못하고 해보지 않은 것에 대해 부정적인 경향이 많다. 바로 이런 부정적인 생각이 투자를 꺼리게 한다. 하지만 인생에서 투자할 수 있는 시간은 그리 많지 않다. 부동산투자를 통해 경제적 자유를 얻을 수 있는 시간은 고작해야 15~20년이 전부다(사람마다 차이가 있을 수 있다). 그러므로 더 늦기 전에 성공을 원하고 경제적 자유를 얻고자 한다면, 나보다 실력 있는 사람이나 그 분야에 경험이 풍부한 사람을 가까이해서 벤치마킹할 필요가 있다. 단지 투자할 돈이 없어서 부동산은 나와는 거리가 멀다고 단정 짓는 마음부터 잘라내야 한다.

서울을 벗어나면 소액으로도 충분

지방에는 1억 원 안팎의 금액으로도 대출이자를 제외한 순수입이 160만 원 정도 나오는 물건을 접할 수 있다. 연수익률 20%에 가까운 훌륭한 수익률이다. 물론 서울이나 수도권에 비해 지가상승폭이 약하기 때문에 건물가가 많이 오르지는 않는다. 하지만 금융이자와는 비교가 안 될 정도로 수입이 높다. 그렇다면 다음과 같은 발상을 해볼 수 있을 것이다. 이런 건물 두 채를 가지게 되면 2억 원으로 320만 원이라는 일반 직장인의 월급에 버금가는 수익을 받아볼 수 있다. 다섯 채를 보유하게 된다면 5억 원 투자해서 800만 원의 순수입을 올릴 수 있게 된다. 흔히들 전세보증금을 이용한 아파트만 갭투자가 있는 줄 알지만, 전세보증금과 대출을 이용한 다가구주택에도 통용된다. 투자금에 여유가 있다면 이처럼 전세보증금과 대출을 이용해 다가구주택 여러 채를 매입해서 임대사업자로 등록 후 장기 투자하는 것도 좋은 방법이다. 서울의 평균 아파트 가격은 12억 원을 웃돈다. 얼마든지 자신의 주거비용을 줄이고 투자금을 만들어서 현금흐름을 극대화할 수 있다. 전세보증금과 월세는 물가상승률 이상으로 오르기 때문에 지속적으로 나의 노동 없이 들어오는 최고의 투자수단이 된다.

　다가구주택에 투자한다고 하면 대부분 많은 돈이 필요하다고 생각한다. 그리고 일단 매매가만 듣고 지레 겁부터 먹는다. 하지만 우리나라에만 존재하는 전세보증금이라는 제도를 이용하면 무이자와 같은 임차인의 보증금과 대출을 이용해 누구나 쉽게 도전해 볼 수 있다. 잠시 나의 첫 다가구주택 투자 경험을 말해보겠다. 그 당시 나는 건축업자가 짓고 있는 건물을 매입하였는데, 전월세 공실 가능성이 거의 없는 지역의 3층짜리 다가구주택이었다. 대지는 78평이고 가구는 다음과 같이 구성되었다.

3층 쓰리룸 1억 5,000만 원

2층 쓰리룸 1억 1,000만 원, 쓰리룸 1억 1,000만 원

1층 쓰리룸 1억 1,000만 원, 쓰리룸 1억 500만 원

총 전세보증금 5억 8,500만 원 + 건물 및 토지 담보대출 3억 5,000만 원 = 9억 3,500만 원

건물의 매매가는 7억 5,000만 원이었으므로, 실제 투자금은 없을뿐

더러 오히려 1억 8,500만 원의 현금이 생겼다. 물론 한 달에 대출이자 116만 원(3억 5,000만 원의 4%)이 지출된다. 이 건물은 수익률을 계산할 수가 없다. 나는 2억 원에 가까운 돈을 회수해서 2년 치 이자 3,000만 원은 이자 통장에 넣고 또 하나의 건물을 계약했다.

방금 소개한 내 사례처럼 돈이 없는 직장인일수록 다가구주택이 좋다. 다가구주택은 보통 70~80평 정도의 대지 위에 3~4층으로 지어져 있다. 지역에 따라서 4층을 옥탑방 형식으로 꾸며놓은 건물도 있다. 택지지구 밖은 1층을 필로티 구조로 하고 2~4층을 주택으로 구성하기도 한다. 돈이 없을수록, 다시 말해 투자금이 부족할수록 다가구주택을 추천하는 이유가 여기에 있다. 작게는 3가구에서 많게는 19가구까지 최대한 여러 가구를 전세로 놓으면 이자 없는 임차인의 전세보증금을 이용해 70~80평의 대지를 확보하는 것이고 건물을 내 소유로 가질 수 있는 것이다.

전세보증금 비율이 높아지면 그만큼 월세는 줄어든다. 월세가 대출이자 정도나 그 비슷한 수준이어도 괜찮다. 건물을 장기 보유하는 동안은 문제가 없기 때문이다. 돈이 부족하면 부족한 대로 최대한 대출과 전세보증금으로 이용해서 매입 후 직장에 다니는 동안 한 세대씩 자신의 융통 자금에 맞게 반전세나 월세로 전환하면 된다. 정년퇴직할 때쯤 건물 전 세대를 월세로 전환한다는 마음가짐으로 준비한다면, 정년 이후의 삶은 또래들에 비해 훨씬 자유로워질 것이다. 안전하고 확실하게 자산을 늘리는 수단으로 다가구주택만 한 게 없다. 다가구주택은 깔고 앉은 토지 가격이 인플레이션 이상으로 상승하기 때문이다.

　돈이 없다고 다가구주택 투자를 주저하지 마라. 전세보증금만 잘 활용하면 자기 자본 대비 3배 이상의 레버리지 효과를 볼 수 있다. 분명 기회는 있기 마련이다. 다세대주택(신축빌라) 1개의 동을 통으로 매입해서 임대사업자 등록 후 보유하는 방법도 좋은 방법이다.

월급 모아서
부자 된 사람 없다

길을 걷다 보면 수많은 건물과 빌딩을 볼 수 있다. 수백억 원씩 하는 빌딩까지는 아니더라도 꼬마빌딩이라고 불리는 4~5층 상가주택이나 원룸건물을 보고 무슨 생각이 드는가? 아마 한 번쯤은 '저런 건물 하나만 갖고 있으면 매달 월세를 받으면서 편하게 살 수 있겠지' 하고 생각해 봤을 것이다. 나 또한 이런 생각을 자주 했다. 하지만 방법과 시스템을 몰라 그저 딴 세상일이라고만 생각하고 넘볼 수조차 없었다.

많은 분과 상담을 해보면, 경제적 자유를 얻는 방법을 좋은 대학에 들어가 대기업에 입사해서 높은 연봉을 받는 것으로 생각하는 사람들이 많다. 하지만 내 경험상 절대로 그렇지 않다. 18년간 대기업에 다녔지만 연봉을 많이 받는다는 것은 그만큼 일을 많이 한다는 말이다.

실제로 옛 직장 동료들을 봐도 대기업에서 일하는 사람치고 개인적인 시간을 갖는 사람은 많이 없다. 자연스럽게 가족은 회사 다음이 될 수밖에 없다. 대기업에 다니는 사람일수록 경제가 어떻게 돌아가는지 알지 못하고 부동산에 대해 제대로 알지 못하는 경우가 많다. 결론부터 말하자면, 열심히 공부해서 좋은 대학에 들어가 대기업에서 억대 연봉을 받아도 매달 꼬박꼬박 월세 받는 건물주와는 가까워질 수가 없다.

회사에서 야근과 특근을 밥 먹듯이 하면 경제적 자유를 얻을 수 있을까? 전문직으로 종사하면 가능할까? 노동과 직업, 즉 근로소득만으로 경제적 자유를 얻을 수 있는 시대는 이미 지났다. 재무 지식이 부족하면 연봉에 맞게 자연스럽게 지출도 늘게 되고, 한 번에 큰돈을 벌 수 있을 것 같은 허황된 생각에 빠져 주식에 투자했다가 낭패를 보기 쉽다. 승진을 위해 열심히 일하는 것도 중요하지만 그보다 더 중요한 것은, 경제적 자유를 누리기 위해서 돈 벌어주는 집을 지속적으로 늘리는 것이다. 다시 말해서 현금을 만들어주는 시스템을 만들어야 한다.

내가 했던 것처럼 다가구주택을 이용한 임대사업을 한다면, 이 책을 읽고 있는 독자 여러분의 다가구주택이 여러분을 위해 열심히 365일 낮이고 밤이고 일할 것이다. 대기업 입사나 고액 연봉자가 되지 말고 다가구주택의 임대사업자가 되어야 한다. 다가구주택을 통해 자기만의 자산을 만들고 그 자산이 연봉으로는 비교도 안 될 정도로 거대한 임대 수익을 만들어야 한다. 그래야 돈과 시간으로부터 자유로워질 수 있다. 20년 가까이 직장 생활만 했던 내가 큰 수업료를 내고 뒤

늦게 수익형부동산인 다가구주택에 눈을 떴다. 다시 말해 이 말은 직장인이나 자영업자들도 충분히 나처럼 할 수 있고, 해낼 수 있다는 얘기다.

하우스푸어가 되는 이유

억대 연봉을 받지만 자신이 거주할 집에 수억 원을 투자하고 또 수억 원을 대출받아 살면서 좋아하는 것을 보면 참으로 안타깝다. 부채의 개념을 정확히 모르고 자신의 소중한 자금을 엉덩이에 깔고 앉는 것만큼 어리석은 일은 없다. 더불어 몇 년 후에 더 넓은 평수의 아파트로 이사 갈 생각밖에는 모르는 것이 더 문제다. 자신이 거주하는 부동산에 묶인 돈은 자산이라고 할 수 없다. 그건 사는 동안 평생 묶여 있는 돈이다. 살고 있는 아파트의 가격이 오르면 돈을 버는 것이 아니냐고 생각할 수도 있지만, 내가 살고 있는 아파트가 오르면 그만큼 다른 아파트도 올라간다. 현금을 만들어 주는 시스템이 전혀 만들어지지 않은 상태에서 비싸고 좋은 아파트에 사는 것이 좋은 기회를 잃어버리게 하는지도 모르고, 심지어는 그게 얼마나 큰 손해를 끼치는지조차 모른 채 그냥 하우스푸어로 살 수밖에 없게 되는 것이다. 나에게 상담 받으러 오는 대부분이 이런 유형이다. 아파트 한 채만 가지고 있고 현금흐름은 전혀 발생하지 않는다. 지금처럼 대출 규제가 까다로워져 팔고 싶어도 팔 수 없는 아파트에선 전혀 10원도 나오지 않기 때문이다.

또 한 가지 이유는 아파트는 생활이 편리하지만 관리비 등 유지비가 많이 든다는 사실이다. 25평(85㎡) 아파트의 관리비는 월 10만 원 전후, 34평(115㎡) 아파트의 관리비는 20만 원 전후이다. 관리비를 생각한다면 아파트에 전세로 사는 것은 전세보증금을 주고 월세를 사는 것과 다르지 않다는 말이다. 또한 전세보증금이 오르면 또 대출을 받아서 계속 아파트에 주거하게 되니 돈은 돈대로 모으지 못하고 대출금 이자만 물게 되는 악순환이 반복된다. 사회초년생이나 신혼부부는 단돈 몇천만 원이라도 하루빨리 종잣돈을 모으는 게 중요하다. 그렇다면 주거비용을 줄이고 종잣돈 모으기에 집중해야 한다. 아파트에서만 살아온 사람들은 일반 주택이나 다세대주택(빌라)은 불편할 것 같다고 생각한다. 아파트의 편리함에 비교하면 상대적으로 불편한 점도 있지만 관점을 바꾸어 보면 장점도 많이 있다. 무엇보다 관리비가 많이 들지 않아서 아파트에서 사는 것보다 생활비가 훨씬 적게 든다.

일반 직장인의 꿈은 아마도 임원이 되어 연봉 1억 원을 받는 것이 아닐까 싶다. 연봉 1억 원을 받는다고 하더라도 직장인은 유리 지갑이라 세금만 무려 4,000만 원 가까이 나간다. 실수령액은 400만 원 선이다. 같은 400만 원이라도 노동과 시간을 들여 근로소득으로 벌어들인 돈과 보유하는 것만으로 매달 들어오는 임대수익의 돈의 차이는 하늘과 땅만큼 크다. 400만 원을 받아도 한 달에 100만 원 모으기는 쉽지 않다. 설령 100만 원씩 저축한다고 해도 1년이면 1,200만 원이고 10년이면 1억 2,000만 원, 20년이 지나야 2억 4,000만 원이다. 이렇게 20년 이상을 모아도 다가구주택에 투자하기엔 부족한 금액이다. 그런데도 다가구주택 하나 사려고 이렇게 오랜 시간을 안 먹고 안 입고 기다릴 수 있을까?

돈 묶이는 집 vs 돈 들어오는 집

다가구주택의 특징 중 하나는 양도세뿐만 아니라 물건을 최초로 구입할 때 드는 취등록세가 일반 아파트에 비해 비싼 편이라는 점이다. 따라서 거래를 자주 할수록 양도세와 취득세를 계속 내야하므로 수익이 줄어들게 된다. 그래서 장기적으로 보유하는 것이 훨씬 유리하다. 내가 산 다가구주택은 평생 동반자이며 현금흐름을 만들어 주는 마르지 않는 샘물과 같다. 그래서 평생 보유한다는 마음가짐으로 임해야 한다. 임대수익으로 투자금을 전액 회수한 후에도 계속 수익이 발생하게 만들어야 한다. 좋은 지역에 있는 아파트 한 채로는 절대 경제적 자유를 누릴 수 없다. 자신이 직접 거주하는 집은 단 한 곳뿐이다. 돈을 깔고 앉아있을 필요가 전혀 없다. 내가 거주하는 집을 제외하고 타인에게 빌려주는 집이 많아야 그만큼 임대수익도 늘어나게 된다. 아파트 한 채를 소유하기보다 가구수가 많은 다가구주택의 전세 비율을 높여서 소유함으로써 투자금을 줄이고, 이후 자신의 자금 사정에 맞게 가급적 전세나 반전세 혹은 월세로 전환하는 것이 현명한 방법이라고 생각한다.

코로나19와 장기불황을 겪고 있는 요즘과 같은 저금리·저성장 시대에 일반 직장인들이 근로수당 외의 방식으로 매달 꾸준히 현금흐름을 만들 수 있는 것은 다가구주택뿐이다. 현금흐름이 가능한 다가구주택의 가치는 저금리로 인해 갈수록 더 높아질 수밖에 없다. 현 문재인 정부에서는 부동산을 여러 채 보유하면 세금 문제에 있어 자유로울 수 없다. 현 정부는 다주택자들을 '투기자'로 규정하고 양도소득세를 중과세한다.

아파트 한 채도 1주택이고, 다가구주택도 1주택이다. 둘 다 같은 1주택이지만 다가구주택은 여러 가구를 임대할 수 있다는 장점이 있다. 더불어 '장기임대사업자'로 등록해서 8년 이상 임대하면 양도소득세 부분에서도 장기보유 특별공제 혜택이 주어진다. 지인 중 한 분은 경매로 아파트만 50채를 보유하고 있다. 하지만 이분 역시 그것만으로는 현금흐름이 발생하지 않아 아파트를 팔면서 다가구주택으로 늘리고 있는 중이다. 50억, 100억 자산의 아파트가 수십 채 있으면 뭐 하겠는가? 단돈 10만 원도 나오지 않는다면 생활을 유지할 수 없다.

수익률이 낮고 장기적으로 볼 때 적은 대지지분으로 가치상승이 어려운 오피스텔이나 아파트 보다는, 높은 수익률과 함께 보유하는 동안 현금흐름이 발생하는 원룸주택이나 상가주택을 사자.

건물을 '도매가'로
살 수는 없을까?

모든 재화는 유통과정을 거치게 된다. 쉽게 먹을 수 있는 생선 하나도 수산물공판장, 경매, 도매시장, 소매시장 등을 거쳐 식탁에 오르게 된다. 이처럼 물건은 유통과정을 거치면서 값이 올라가게 되어있다. 유통과정에 비용이 들어가기 때문이다. 자동차 한 대를 완성하는 데 2만 개 이상의 부품이 필요하듯이 건축에 있어서도 적지 않은 공정이 필요하다. 무려 50개 이상의 대마들로 구성된다. 일반인이 집 한 번 짓는데 10년이 늙는다는 말이 그냥 나오는 게 아니다. 더구나 건물은 타 부동산 재화에 비해 비용이 훨씬 높다.

다가구주택을 매입하는 방법은 여러 가지가 있다. 매도자의 특수한 사정으로 나온 급매를 매입하는 경우도 있고 경매로 매입하는 방법도 있다. 이처럼 이미 지어진 건물은 건축 연도가 최소 2~3년이 지났고 건축 마진이 포함되어 있다. 다시 말해서 이미 지어진 구축은 저렴하게 매입하지 않는 이상 큰 마진을 보기 힘들다. 건축 마진에는 신축건물을 세우는 데 드는 비용과 소유권 취득 및 보전에 필요한 부대비용, 중개수수료, 양도세 등 적게는 수천만 원에서 많게는 수억 원에 가까운 돈까지 들어갈 수밖에 없다.

대한민국에서 가장 싸게 건물 사는 법

건물의 매매가격을 낮추는 것은 수익률이 올라가는 것과 같다. 그렇다면 유통과정을 줄이고 마진을 높이려면 어떤 방법이 있을까? 일반인이 단독주택도 아닌 건물을 건축하기란 쉽지 않다. 그동안 직영공사가 가능했지만 재작년에 건설산업기본법이 개정되면서 직영공사는 불가능해졌다. 유통과정을 줄이고 원가에 가까운 금액으로 매입할 수 있는 방법은 크게 두 가지로 구분할 수 있다. 건축업자가 소유하고 있는 땅에 건물을 지어주는 조건으로 매입하는 방법과 건축업자가 매매할 목적으로 짓고 있는 건물을 건축주 명의변경을 통해 매입하는 방법이다.

이미 지어진 건물은 건축할 때 건축회사(업자)의 건축 마진 그리고 신축을 매수한 건물주가 그 건물을 보유하는 동안 쌓인 마진 등이 포함되어 다음 매수자가 매입할 때는 수익률이 그리 크지 않다. 하지만 앞에서 이야기했던 것처럼 중간 유통과정을 없애고 건축업자의 건물을 직수입하듯이 바로 매입하게 되면, 매매가격은 물론 투자금액도 훨씬 적게 들기 마련이다. 장점은 이뿐만이 아니다. 건물을 매입할 때 들어가는 취등록세 비용도 만만치 않은데, 이미 지어진 구축을 매입하는 비용보다 아직 건물 등기가 나지 않은 짓고 있는 건물은 원시취득에 해당되어 세율이 낮아 세금적인 부분에서 이점이 많다. 또한 내가 가지고 있는 투자금에 맞게 임대를 맞출 수 있다. 투자금액이 넉넉하면 임대를 놓을 때 월세 비중을 높이고, 투자금액이 부족하면 전세 비중을 높이면 된다. 하지만 구축은 이미 임대가 맞춰져 있기 때문에 더 많은 돈이 필요하다.

정장으로 예를 들자면, 이미 지어진 건물은 기성복이라고 할 수 있고, 짓는 조건으로 매입하는 건물은 맞춤복이라고 할 수 있다. 기성복은 특정한 사람을 위해 맞춘 것이 아니기 때문에 아무리 마음에 든다고 하더라도 내 몸(투자금)에 치수가 맞지 않으면 구입할 수 없다. 하지만 맞춤복은 주문한 사람이 원하는 형태와 치수로 만든 옷처럼 내 돈에 맞게 임대를 놓을 수 있다는 장점이 있다. 임대는 물론 색상이나 자재와 같은 건물 외적인 사양에 있어서 건축업자와 상의하면서 건물이 지어지기 때문에 훨씬 만족감이 높다. 그렇다면 택지지구 맞은편에 있는, 가구수 제한 없는 토지에 건물이 지어질 때 투자금액과 수익률에 어떤 차이가 있는지 구별해 보자.

안전하고 합리적인 담보대출

파주 운정신도시 택지지구 내 사례를 알아보자. 대지평수는 83평으로 4층 상가주택 매매가격은 13억 원으로 책정했다. 이런 상가주택은 매매가격만 놓고 보면 과연 얼마의 투자금이 필요할까? 아마 일반인들은 최소 7~8억 원 정도는 있어야 매입이 가능하다고 생각할 것이다. 하지만 전혀 그렇지 않다. 물론 취등록세 비용은 별도지만, 대략 2억 원 이내의 자금만 있으면 가능하다. 어떻게 이게 가능할까?

16억 원 하는 건물을 3억 원이나 5억 원 정도만 투입하여 매입하는 경우도 흔하다. 나머지 부족한 돈은 건축업자가 다음의 순서로 회수해 간다. 토지 소유권 이전 시 토지담보대출(80%)로 우선 회수해 가고 건물이 준공되면 건물담보대출로 회수해 간다. 그리고 임대를 놓는 과정에서 임차인의 전세보증금을 회수해 간다.

전세보증금 상승 직후 수익률이 매매가에 반영되지 않거나 택지지구 형성 초기에는 임대수요가 풍부하다는 조건하에 이와 비슷한 적은 금액을 투입해 건물을 매입하는 사례가 아주 많다. 공실이 확실히 없는 지역이고 전세가 잘 나가는 조건일 경우, 건축회사(업자)는 토지 가격의 절반 밖에 안 되는 투자금액에도 불구하고 건축 마진을 보려고 소액을 받고 건축을 해주는 것이다.

사례1: 총 투자금 1억 5,000만 원, 매매가격 13억 원
수익률은? 8.7%

사례2: 총 투자금 4억 5,000만 원, 매매가격 13억 원

수익률은? 7.7%

〈조건〉

가구수: 총 10가구 (1.5룸×6, 투룸×2, 투룸×3, 주인 세대 쓰리룸×1) + 1층 상가

전월세 시세: 1.5룸 전세 6,500만 원 / 월세 보증금 500만 원에 45만원

투룸 전세 9,000만 원 / 월세 보증금 3,000만 원에 50만 원

쓰리룸 전세 1억 4,000만 원 / 월세 보증금 5,000만 원에 80만 원

평단 건축비 400만 원: 부족한 건축비는 대출과 준공 후 전세보증금으로 상환하는 조건임.

건폐율과 용적률: 건폐율 60%, 용적률 180%

대출 가능 금액(금리 3.5%): 토지담보대출 2억 5,000만 원 가능, 건물담보대출 2억 원 가능

토지와 건물 취등록세: 약 4,000만 원

공실률은 제로로 예상됨.

4층 주인 세대 쓰리룸 전세 1억 4,000만 원, 투룸 전세 9,000만 원

3층 1.5룸 전세 6,500만 원 × 3가구 투룸 전세 9,000만 원

2층 1.5룸 전세 6,500만 원, 1.5룸 보증금 500만 원에 월세 45만 원 × 2가구, 투룸 전세 9,000만 원

1층 상가 보증금 2,000만 원에 월세 150만 원

▶매매가 13억 원, 대출 4억 5,000만 원, 보증금 7억 원, 월 임대료 240만 원, 투자금 1억 5,000만 원

수익률: 8.7%

매매가 13억 원에서 투자금액이 1억 5,000만 원일 경우 수익률은 11%가 나온다. 1층 상가 포함 총 전세보증금은 7억 원이며, 토지와 건물 대출은 4억 5,000만 원이다. 전세보증금은 건물 준공 이후 임대가 나가면 부족한 건축 비용을 회수해 간다. 이처럼 투자금액에 맞춰 투룸이나 1.5룸을 전세가 되었든 월세가 되었든 거꾸로 부족한 건축 비용을 회수해 가는 조건이다. 만약 투자금액이 4억 5,000만 원으로 좀더 여유가 있다고 가정해 보면 매달 월세는 그만큼 더 늘어나게 된다.

4층 주인 세대 쓰리룸 전세 1억 4,000만 원, 투룸 보증금 3,000만 원에 월세 54만 원

3층 1.5룸 월세 보증금 500만 원에 월세 45만 원 × 3가구 투룸 전세 9,000만 원

2층 1.5룸 월세 보증금 500만 원에 월세 45만 원 × 3가구 투룸 전세 9,000만 원

1층 상가 보증금 2,000만 원에 월세 150만 원

매매가 13억 원에서 투자금액이 4억 5,000만 원일 경우 수익률은 7.7%가 나온다.

▶매매가 13억 원, 대출 4억 5,000만 원, 보증금 4억 원, 월 임대료 420만 원, 투자금 4억 5,000만 원

수익률: 7.7%

집값은 결국 땅값

아파트 분양보다 좋은 '택지 분양'

　부동산에 대해 무지했을 때, 좀 더 자세히 말하자면 땅에 대해 몰랐을 때 큰 수업료를 낸 적이 있다. 경매로 지방의 논, 밭을 5,000평 이상 낙찰받고 뿌듯했었다. 이로 인해 깨달은 것은 지방의 논은 수천 평을 가지고 있다고 한들 아무 소용이 없다는 사실이다. 땅은 지방이 아닌 도심에 건물이나 주택을 지을 수 있어야 지가상승도 크고 빠르며 가치가 높다는 것이다. 이게 바로 지방의 800평짜리 논보다 도심의 좋은 위치에 있는 80평이 더 좋은 이유다. 이처럼 큰 수업료를 내고 깨달은 것은 택지지구 내 토지시장이다.

　가끔 뉴스를 통해 택지지구의 단독 필지들의 경쟁률을 보면 놀라지 않을 수 없다. 적게는 수백에서 많게는 수천 대 일에 이르기까지 엄청난 경쟁을 보이기 때문이다. 택지분양 및 납부절차를 모르면 분양금액의 전액을 한두 달 사이에 납부해야 하는 줄 알지만, 택지개발지구 내 택지를 분양받게 되면 보통은 계약금 10%를 내고, 2~3년 동안 6개월 단위로 나머지 금액을 분할 납부하게 되어있다. 계약금 10%만 내고 연체시켜도 신용에는 하등 영향이 전혀 없다. 하지만 연체이자가 붙어 부담은 될 수 있다. 2회 차까지 납부했다면 나머지 80%는 은행에서 대출을 해주기 때문에 대출을 받아 등기를 치를 수 있다.

택지지구 내 토지라는 부동산 상품은 그 어떤 부동산 상품보다 안전하며 납부조건도 좋다. 일반인이 많이 투자하는 부동산 상품 중에는 상가, 토지, 아파트 등등 여러 가지가 있다. 부동산마다 각각 위험이 내포되어 있고 납부방법도 다르다. 부동산투자에 있어 중요한 것은 위험을 줄이고 투자금을 최소화하는 것이다. 아파트를 분양받을 때 계약금을 내고 중도금 대출을 받듯이 택지지구 분양받은 토지도 마찬가지다. 많은 돈이 한꺼번에 들어가지 않고 분양 대금을 나누어 낼 수 있다는 점에서 매력적이다. 아파트는 분양을 받으면 분양권 매매를 통해 잔금 전에 거래가 가능하다. 택지도 중도금을 치르는 동안 동일한 금액으로 매매할 수 있어 아파트를 분양받는 것과 비슷한 점이 많다.

수익형부동산은 매달 일정 금액의 수익이 발생하는 부동산 상품이다. 주거형 부동산은 아파트, 다세대주택(빌라), 다중주택, 다가구주택 등등 다양하다. 택지지구 내 토지에 눈을 뜨면서 많은 수익형부동산 중 다가구주택인 원룸건물과 상가주택을 알게 되었다. 주거용이 아닌 상가로만 구성된 일반 분양상가는 분양 시행사의 상업용지 토지 낙찰가가 200~300%가 되면서 상가 분양 가격에 반영되어 수익률이 낮은 편이다. 또한 지금처럼 경기가 좋지 않을 때는 임차인 맞추기도 어렵다. 따라서 상가나 오피스텔처럼 대지지분이 적은 것은 더욱 매력이 떨어진다.

분양 공고를 볼까, 원주민에게 매입할까

그렇다면 지금부터 택지지구 안의 토지를 분양받거나 매매해서 다가구주택(상가주택)을 건축하기까지의 과정을 살펴보자. 제일 먼저 특정 지역이 택지지구로 정해지면, 그 지역에 토지와 주택을 소유하고 있는 원주민들에게 보상을 하게 된다. 땅을 소유했던 원주민들에게는 협의자택지를 주고, 주택을 소유하고 있던 원주민에게는 이주자택지를 준다. 이주자택지는 택지 조성원가의 80% 선에서 저렴하게 공급하여 보상해 주며 택지지구 내 가장 좋은 위치에 있다(이주자택지는 어느 지역을 봐도 가장 좋은 위치에 자리한다).

택지를 분양받기 위해서는 수자원공사, LH주택공사 홈페이지를 유심히 봐야 한다. 홈페이지에 공고가 뜨면 공인인증서를 통해 자신이 원하는 해당 필지에 입찰금인 신청예약금을 송금한다(입찰금은 각 지구별로 달리 정한다). 예를 들어 화성 향남2지구의 경우 한 필지에 분양가가 2억 5,000만 원에서 2억 7,000만 원 선이었다. 계약금은 분양가의 10%

인 2,500~2,700만 원이지만, 실제 필요한 돈은 입찰금인 신청예약금 1,000만 원이다. 분양에 당첨되지 않았다면 수일 내에 환불 계좌로 입금되게 되어있다. 하지만 최근 이런 추첨방식에서 경매처럼 최고 입찰가를 써내는 사람에게 분양되는 입찰방법으로 바뀌었다. 전자의 추첨방식은 당첨이 되면 수천만 원에서 수억 원까지 프리미엄(웃돈)이 붙었다면, 후자인 입찰방식은 이미 프리미엄이 입찰가에 포함되었다고 보면 된다. 4차선 대로변이나 코너 자리의 경우 1억 원이 넘는 금액을 더 써서 분양을 받기도 한다.

앞에서 말했듯이 택지를 분양받거나 소유하게 되면 분양가를 2~3년에 걸쳐 분할 납부한다. 택지를 분양받는 방법에는 두 가지가 있다. 하나는 LH주택공사에서 인터넷으로 분양공고를 통해 분양받는 방법이다. 나머지 하나는 원주민에게 이주자택지를 구입하는 방법이다. 이 둘은 대출에서도 다른 부분이 있다. 예를 들어 화성 봉담2지구의 이주자택지 분양 가격이 똑같이 5억 원인 경우를 비교해 보자.

LH주택공사로부터 분양받는 5억 원은 그대로 감정가에 반영되어 대출이 80%인 4억 원까지 나오므로 1억 원이면 구입이 가능하다. 더욱이 처음에는 계약금 5,000만 원만 내고, 6개월 단위로 나머지 금액을 분할납부하거나 연체시킬 수 있다. 하지만 원주민에게 공급되는 이주자택지는 공급가격이 3억 원이고 프리미엄이 2억 원으로 진행이 되기 때문에 대출이 프리미엄을 제외한 공급가격 3억 원의 80%인 2억 4,000만 원만 대출을 받을 수 있다. 그러므로 실제 필요한 돈은 2억 6,000만 원이다. 초기자금이 부족한 경우에는 LH주택공사로부터 분양을 받고, 초기자금에 여유가 있거나 좋은 입지에 택지를 원한다면 이주자 택지를 원주민으로부터 구입하면 된다.

택지에 붙는 프리미엄을 노려라

앞에서 살펴본 것처럼 택지라는 상품이 투자적인 측면에서 볼 때 얼마나 매력이 많은지를 알게 되었을 것이다. 분양을 받아 계약금 포함 20%만 납부하면 나머지 80%는 대출을 받을 수 있다. 또한 그 대출액도 한 번에 동시에 실행되는 것이 아니고 6개월마다 해당 차수가 도래되었을 때 대출금액에 따른 금리가 적용된다. 대출액이 차수에 맞게 순차적으로 늘어나므로 투자기간의 대출이자도 그리 큰 부담이 되지 않는다. 또한 자금이 부족할 때는 계약금만 넣고 연체시켜도 소유하는 데에는 전혀 문제되지 않는다.

예를 들어 분양가가 4억 원이라고 가정했을 때 20%의 현금 8,000만 원과 2~3년 동안의 대출이자를 합쳐도 1억 원이 안 되는 금액으로 택지투자가 가능하다. 택지투자 경험이 많은 지인 중 한 분은 계약금만 넣고 일부러 연체시키기도 한다. 이러한 방법으로 택지 1개를 분양받을 것이 2개가 되거나 5개 분양받을 것이 10개가 되기도 한다.

이와 같은 방법이 가능한 이유는 토지 사용 시기까지 보유하는 동안 토지의 프리미엄이 이자보다 훨씬 높기 때문이다. 기반이 갖춰질 때쯤이면 프리미엄이 토지 분양 가격과 맞먹기도 한다. 또한 토지를 매매하지 않더라도 다가구주택을 건축해서 훌륭한 수익성 주거용부동산을 보유할 수 있다. 이처럼 택지지구 내 투자방법은 다양하다. 도시지역 내에 택지라는 상품은 어마어마한 메리트를 가지고 있으면서 적은 돈으로도 얼마든지 투자할 수 있는 상품이라는 것을 잊지 말아야겠다. 이런 방법을 통해 택지가 초기에 조성되는 시기에 수천만 원에서 수억 원을 버는 사람은 이미 주변에 많다.

택지 분양이 매력적인 이유

- 최초 분양가의 20% 정도만 있으면 토지를 소유할 수 있다.
- 토지의 80%가 대출이 가능하며, 토지 사용 시기까지(3~5년) 보유하는 동안 프리미엄이 붙는다.
- 최초 분양가의 10%만 있어도 연체시켜서 보유가 가능하다.
- 분할 납부하는 회차가 돌아올 때마다 대출이 적용되어 이자 부담이 덜하다.

아파트에 묶인
대한민국 노후 자금

　아파트 전세로 살 때, 이렇게 많은 아파트 중에 내 명의로 된 아파트 하나 없는 게 한심하다는 생각이 들었다. 그리고 몇 년 후 아파트를 구입하고는 꼬마빌딩이라고 불리는 다가구주택이나 상가주택이 이렇게 많은데 내 명의로 된 건물은 하나도 없다는 생각이 들면서 건물주가 많이 부러웠다. 아파트는 거주하고 있는 동안 단돈 10원도 나오지 않는다. 오히려 대출이자와 관리비 등 매달 적지 않은 지출이 발생한다. 물론 쾌적한 시설과 보안적인 모든 면에서 단독주택보다 선호도가 더 높은 것은 사실이다. 하지만 명의만 내 것일 뿐, '월세 사는 것과 뭐가 다를까?'라는 생각이 들 수 있다.

　부동산투자는 종잣돈 마련부터가 시작이다. 하지만 말이 쉽지 사실 일반 직장인이 한 달 벌어서 생활비 쓰고 나면 마이너스 안되는 게 다행이다. 연봉이 높다고 좀 더 종잣돈을 쉽게 만들 거라 생각할 수 있지만, 연봉이 높으면 그에 맞는 외식비와 자녀 교육비 등으로 나가기 마련이다. 생활비가 부족한 것은 연봉의 많고 적음과 상관없이 매한가지다. 2009년부터 시작된 부동산의 하락은 아파트 시장의 붕괴로 이어졌고 이 때문에 괴로워하는 사람들이 많다. 현재도 서울은 물론이고, 중대형 아파트 가격도 하락이 진행 중이다. 이런 현상이 발생하는 이유에는 여러 가지가 있겠지만 만 65세 이상의 노인인구가 급격히 늘어나고 있는 영향이 크다. 65세 인구의 특징 중 하나는 전체 자산 중 아파트 비중이 높다는 사실이다. 이는 베이비부머의 은퇴로 인해 아파트 수요자보다 매도자가 많아지고, 4인 가구보다 1~2인 가구가 급격히 늘어가기 때문이다. 이러한 인구구조의 변화는, 4인 가족 기준의 중대형 아파트가 더 이상 투자로서의 매력이 없다는 것을 단적으로 보여준다.

아파트를 과감히 버려라

이런 이유로 아파트는 투자용이 아니라 실수요자 위주의 시장으로 개편되어 가고 있다. 이러한 현상은 앞으로 더욱 가속화될 것이고 아파트 가격도 그에 걸맞게 조정이 이루어질 것이다. 아파트 한 채만으로 종잣돈을 만들고 더 나아가 임대수익을 받는 구조를 만들 수 있다면 그보다 더 좋을 수는 없을 것이다. 아파트 한 채로 종잣돈을 만들어 건물주가 되는 방법에는 주거비용을 줄이는 방법이 있다. 이 방법은 아파트를 팔거나 주거지역을 옮기면서 종잣돈을 만드는 게 가장 큰 포인트다. 크게 다섯 가지로 정리해 볼 수 있다.

1. 서울에서 수도권으로 옮기는 경우
2. 자가에서 전세로 옮기는 경우
3. 자가에서 월세로 옮기는 경우
4. 대형 평수에서 소형 평수로 옮기는 경우
5. 아파트 매도 후 신축주택으로 옮기는 경우

세미나를 진행할 때 종잣돈 마련하는 방법에 있어 이 다섯 가지를 자주 이야기한다. 하지만 아이들 학교와 직장과의 거리 문제로 주거지를 옮긴다는 것은 쉽지 않다. 돈과 시간으로부터 경제적 자유를 얻기 위해서는 '어느 지역에 사는가?', '어느 브랜드 아파트에 사는가?' 같은 것을 중시하는 태도에서 벗어나야 한다. 진정 타인의 이목에서 자유로워졌을 때 종잣돈도 마련되고 투자도 시작할 수 있다.

첫 번째, 서울에서 수도권으로 주거지를 옮기는 방법이 있다. 몇 년 전 기준, 서울 평균 아파트 가격은 7억 원이었다. 1, 2기 신도시로 이사하게 되면 약 3~4억 원대에 가능하다. 이때 여기서 생기는 차익 3~4억 원을 확보하는 것이다.

두 번째, 아파트를 팔고 신축빌라(다세대주택)로 이사해서 종잣돈을 마련하는 방법이 있다. 자신의 아파트를 팔고 신축빌라 전세 2~3억 원 정도를 구하게 되면 약 4~5억 원의 종잣돈을 확보할 수 있다.

세 번째 방법은 자가에서 월세로 옮기는 것인데, 이 방법은 자신이 보유한 아파트가 5억 원 이하일 경우 적합하다. 아파트나 신축빌라 월세를 선택하는 방법으로, 보증금은 2,000~3,000만 원으로 하고 나머지는 월세를 내는 것이다. 매달 월세로 지출되는 것이 아깝게 느껴질 수 있겠지만, 이런 방법으로 생긴 종잣돈 3~4억 원을 통해 임대수익을 만들어 두면 매달 주거비용으로 나가는 월세가 전혀 부담스럽지 않게 된다.

네 번째는 갈수록 1~2인 가구가 늘면서 가격 하락폭이 큰 대형 평수 아파트를 매도하고 소형 평수로 옮기는 방법이다. 이 차익에서 생긴 금액으로 또 다른 종잣돈을 마련할 수 있다.

마지막으로 다섯 번째는 자신의 아파트를 팔고 생긴 금액으로 거주와 임대수익을 동시에 만족할 수 있는 방법이다. 신축된 건물의 주인 세대에 직접 살면서 나머지 세대는 임대수익을 받는 형태다. 신축하는 공사 기간이 6개월 정도 소요되니 임시로 다른 곳에 월세나 깔세 형태로 거주를 해야 한다.

현재의 결정이 3년 후를 바꾼다

위에서 말한 다섯 가지 방법 중 자신의 상황에 맞는 방법을 선택해

집값은 결국 땅값

서 필요한 종잣돈을 마련할 수 있다. 물론 자신이 살아온 지역을 벗어나 새로운 지역으로 주거지를 옮긴다는 것이 쉽지는 않겠지만, 이러한 선택을 하지 않고 현재의 상황에 머물러 있다면 지금과 크게 달라질 게 없다. 좋은 지역, 좋은 아파트에 사는 것은 경제적 자유를 얻은 후에 해도 늦지 않다.

먼저 지인에게 몇 년 전 상담해 줬던 내용부터 소개하겠다. 화성 동탄2기신도시 골프장이 조망되는 40평형 아파트(분양가 4억 5,000만 원)의 청약을 놓고 두 사람이 고민을 했다. 두 분 모두 외벌이고 연봉도 9,000만 원 정도로 비슷했다. 같은 회사에 다니는 두 분의 자산은 아파트 한 채로 3억 원 정도(대출은 없다)였고 수원에 살고 있었다. 두 분이 함께 상담을 요청하여 나는 다음과 같은 방법을 추천했다.

"물론 신도시 아파트는 살기에 더없이 매력적입니다. 하지만 40평형은 대형 평수에 속하고 시세차익이 나더라도 2억 원에 가까운 대출이자와 취등록세 등의 부대비용을 빼면 매매차익이 큰 것이 아니죠. 차라리 임대수익이 발생하는 4층 상가주택을 소유하는 것이 임대수익과 매매차익 두 가지를 얻을 수 있어 훨씬 낫다고 생각합니다."

과연 이 두 분은 어떤 결정을 내리고 어떤 선택을 했으며, 4년이 지난 지금은 어떻게 되었을까? 한 분은 동탄2기신도시에 45평 아파트를 분양받았다. 분양받으면서 부족한 금액은 중도금 대출을 받았다. 대출이자를 매달 50만 원 가까이 납부하고 있다. 현재 시세는 10억 원 정도이다. 이분은 현재 골프장이 조망되는 아파트에 학군까지 잘 갖춰져 있고 5억 원 이상 자산이 상승해 만족스러워하며 분양받기를 잘했다고 생각한다.

다른 한 분은 나의 조언대로 4호선 별내역(가칭)과 근접한 곳에 건축업자가 짓는 조건으로 건물을 매입했다. 3층 주인 세대에 직접 거주하면서 매월 500만 원 넘는 임대수익이 나고 있으며 자산은 11억 원이 상승했다. 이 건물 주위 이면도로 코너 건물들이 22억 원에서 24억 원 사이에 거래되고 있으므로 매매가격을 20억 원으로 계산하면 11억 원의 차익이 난 것이다. 수익률 등 자세한 사항은 뒤에서 알아보자.

자산	대출	현재 시세	비고
3억	1억 5,000만 원	10억 원	5억 5,000만 원 ↑
3억	6억 원	20억 원	11억 원 ↑

갭투자가 '단타'라면 다가구는 '가치투자'

앞에서 이야기한 사례처럼 돈이 없을수록, 다시 말해서 종잣돈이 적을수록 다가구주택에 도전해야 하는 이유는 단 하나다. 지렛대 효과를 최대한 이용할 수 있으며 아파트와 달리 매월 들어오는 임대수익 때문이다. 그렇다면 수익을 따져보자. 월세 510만 원씩 4년이면 대략 2억 4,500만 원이다. 대출이자를 따져보면, 대출 6억 원의 이자는 150만 원(3% 이율)이므로 4년 계산하면 7,200만 원이다.

수입(월세)에서 지출(이자)을 빼면 4년이 지난 현재 임대수익은 2억 5,000만 원(2억 5,000만 원 - 7,2000만 원)이고, 현시점에서 1주택자 비과세로 매매할 경우 예상 수익은 12억 원이 넘게 된다(매매차익 10억 원, 4년간 임대수익 2억 500만 원).

집 값이 아무리 올라도 팔지 않는다면

앞에서 신도시 아파트를 분양받은 분은 다행히 입지가 좋아 현재 기준으로 5억 원에 가까운 매매차익이 예상되지만, 4년 동안 2,400만 원의 이자가 나갔고 아파트는 매도해야 매매차익을 볼 수 있기 때문에 현재 거주하는 동안에는 주거 이상의 의미는 없다. 하지만 4층 상가주택을 신축해 거주하는 분은 최근 몇 년 사이에 쓰리룸 전세보증금이 2,000만 원씩 오르면서 4가구의 전세보증금만으로 8,000만 원 이상이 추가로 생겼다. 시간이 지나 돈의 가치가 하락하고 물가는 상승하며, 인플레이션이 일어나고 별내별가람역(가칭)이 준공되면 건물 가격은 더 상승하게 될 것이다.

4층 상가주택 신축을 통해 얻은 수익을 아파트 투자로 가정한다면, 신도시 분양받은 아파트 4억 5,000만 원이 가격이 올라 4년 후 최소 14억 원이 되어야 같은 재테크를 했다고 볼 수 있다. 하지만 아파트 가격이 몇 년 사이에 분양가 대비 3배가 넘게 오르기란 쉽지 않다. 4년 동안 매달 고정적으로 들어오는 임대수익과 그에 따른 시간적, 물질적으로 누리는 경제적 자유는 신도시에서 누리는 아파트보다 훨씬 낫다.

3~4층 건물에 투자한다고 하면 대부분의 사람은 많은 돈이 필요하다고 생각한다. 10억의 건물이라면 5~6억 원이 있어야 하고, 20억 원의 건물은 10억 원 이상의 돈이 있어야 한다고 생각하는 게 일반적이다. 하지만 어느 지역에 어떤 부동산에 투자를 하느냐에 따라 적은 종

잣돈으로도 투자가 가능하다. 무이자와 같은 임차인의 전세보증금을 이용해 매입하고 저금리 대출을 활용하면 실제로 자신의 투자금은 최소화할 수 있다.

이사 주기

사회초년생들은 직장 생활을 시작하면서 차를 사거나 취미를 위한 소비를 하는 것보다 단돈 몇천만 원이라도 종잣돈을 모으는 데 집중해야 한다. 종잣돈이 모이면 다양한 부동산 상품 중 가장 안전한 주거용부동산인 다가구주택에 투자해야 한다. 다가구주택 중에서도 자신의 투자금이 가장 적게 드는 것은 원룸으로만 구성된 건물이다. 같은 대지의 평수라고 하더라도 가구수가 많을수록 투자금은 최소화할 수 있다. 5가구로 구성된 다가구주택보다 19가구로 구성된 다가구주택이 투자금액은 훨씬 적게 든다. 하지만 각각 장단점은 있기 마련이다. 원룸은 1인 가구로 구성되어 있어 투룸이나 쓰리룸에 비해 전출입이 잦다.

지방파견, 결혼, 퇴직, 전직 등으로 전월세 계약기간을 못 채우고 수시로 임차인이 바뀌기 때문에 그만큼 건물주는 신경을 더 쓸 수밖에 없다. 반면 투룸이나 쓰리룸은 아이들이 있는 가정집으로 자녀 유치원이나 초등학교에 다니기 때문에 기본 2년에서 4년은 이사를 가지 않고 재계약을 하니 전출입이 훨씬 적다. 이로 인해 한 번 계약하고 나면 신경 쓸 게 거의 없다. 대신 임대수익으로 보면 원룸이 많을수록 임대수익은 높아지게 된다. 최근 들어 월세로 내는 돈보다 전세자금대출을 이용해 이자를 내는 게 훨씬 적게 드는 경우가 많다.

이런 이유로 임차인 입장에서는 월세보다 전세를 선호하는 경향이 높다. 예를 들어 원룸 전세금이 5,000만 원이라고 치자. 전세자금대출을 80% 받았다고 가정하면 4,000만 원의 대출이자는 한 달에 6~7만 원 정도다. 하지만 월세로 살게 되면 매월 40만 원이라는 돈을 내게 된다. 이런 이유로 임차인은 월세보다는 전세를 많이 선호한다(투룸이나 쓰리룸도 마찬가지다). 간혹 대출이 안 되는 건축 현장 노동자나 외국인 또는 자영업을 하는 분들은 대출이 안 되어 월세를 살기도 한다.

|　　　　　　　　　　비슷해 보이는 다가구와 다세대　　　　　　　　　|

주변에 70~80평 내외의 대지 위에 지어진 주택에 여러 가구가 살고 있으면 다가구주택이라고 보면 된다. 다가구주택은 보통 3~5층으로 구성되어 있다. 택지지구 여부에 따라 가구수도 다양하다. 택지 내의 가구수를 보면 2가구에서 7가구까지 다양하다. 물론 택지지구 밖은 가구수 제한이 없기 때문에 원룸으로 19가구까지 구성된다. 20년 이상 오래된 주택은 반지하나 옥탑으로 구성되기도 한다. 최근에 지어진 건물의 1층은 필로티 구조로서 주차장으로 쓰고 2~4층은 주택으로 구성되기도 한다.

분양업체(건축업자)들이 지어 일반인들에게 분양하는 다세대주택(빌라)이 있다. 다세대주택은 다가구주택과 외향은 비슷하지만 엄연히 다르다. 다세대주택을 분양받는 것보다 다가구주택을 매입하는 것이 훨씬 낫다. 다세대주택은 토지 소유 측면에서 볼 때 전체 토지 소유 중 대지 일부분만 소유하는 것과 같다. 아파트처럼 대지 공동지분의 일부만 소유하는 것과 같은 의미다. 반면 다가구주택은 토지가 70평이든 80평이든 상관없이 100% 나의 소유다.

상담을 진행하면서 다가구주택을 추천하면 일단 매매가격만 듣고 부담감을 느끼는 경우가 많다. 하지만 실제로 전세보증금이나 대출을 이용하면 투자금은 그리 많이 필요하지 않다. 그리고 두 번째로 전세 임대 만기가 되어서 돌려줘야 하는 상황에 대한 부담감도 많이들 느낀다. 하지만 공실이 나지 않는 지역을 선택하면 이것 또한 문제가 되지 않는다. 관점을 바꾸어 생각해 보면 우리나라에만 있는 전세보증금 제도가 있기 때문에 자신의 투자금을 최소화할 수 있는 것이다. 이게 바로 투자금을 최소화해서 3~4층짜리 건물을 매입할 기회이며, 다시 말해 도심의 땅을 가장 최소한의 방법으로 확보하는 가장 효과적인 방법인 것이다.

입지에 장기 투자하라

한때 아파트 갭투자가 유행했다. '갭투자'는 전세금을 떠안고 아파트를 매입해서 매매가격이 오르게 되면 그때 매도해서 시세차익을 보는 것이다. 예를 들어 시세 1억 원의 아파트에 8,000만 원의 전세금으로 입주한 세입자가 있으면, 세입자의 전세금을 안는 조건으로 2,000만 원에 아파트를 매입하는 방식이다. 이를 통해 부동산 가격이 오르면 되팔아 그 차액만큼의 이득을 보는 것이다.

방금 설명한 아파트 갭투자처럼 다가구주택도 전세보증금과 대출을 이용해 자신의 투자금을 최소화해서 매입하는 방식은 비슷하다. 하지만 단기로 시세차익을 보는 것이 아닌 장기임대사업자(8년)로 등록해서 각종 세제 혜택을 받는 것이 향후 지가상승과 함께 큰 투자이익을 거둘 수 있는 길이다. 주변에 지인을 봐도 단기로 아파트나 토지를 사고팔아서 큰돈을 번 사람을 본 적이 없다. 반대로 땅이든 건물이든 오래도록 묵혀두었다가 보상을 받거나 주변 상권이 생성되면서 큰 이익을 얻는 경우는 많이 있다.

돈이 없을수록 왜 다가구주택이나 상가주택에 도전해야 할까? 다가구주택이나 상가주택이 직장인에게 좋은 이유를 구체적으로 알아보자.

첫째, 적은 투자금으로 매입할 수 있다. 다가구주택은 주인 세대 외에 여러 세대를 구성하고 있어서 여러 세대를 전세로 놓으면 자신의 투자금을 줄일 수 있다.

둘째, 투자금이 부족하면 부족한 대로 매입이 가능하다. 토지 가격과 건축비는 매년 오르기 때문에 전세 비중을 높여 매입한 후 자신의 상황에 맞게 한 세대씩 반전세나 월세로 전환하면 된다. 이는 은퇴할 시점에 생활비 이상의 수입원이 갖춰지기 때문이다.

셋째, 안전하게 자산을 불리는 수단이 된다. 다가구주택은 깔고 앉은 토지 가격이 인플레이션 이상으로 매년 오르게 되어있다. 불경기일수록 인구는 지방에서 도심으로 이동하게 되어있다. 그렇기 때문에 도심의 땅값은 계속 상승할 수밖에 없다. 다가구주택의 매력은 다가구주택이 깔고 앉은 토지 가격이 매년 인플레이션 이상으로 오르기 때문에 훨씬 안정적이라는 점이다. 따라서 다가구주택 투자는 돈이 없을수록 욕심내야 하는 확실한 투자방법이다.

3장

같은 투자,
다른
수익률

부동산 수익률
이해하기

　많은 사람이 은행에 적금을 넣는 것이 가장 안전하다고 생각한다. 물론 원금을 잃지 않는다는 점 때문에 그렇게 생각할 수 있다. 하지만 인플레이션을 감안하면 낮은 금리를 떠나 돈의 가치가 점점 떨어진다는 사실을 알아야 한다. 이게 바로 실물자산인 부동산에 투자하려는 이유다. 현금흐름이 발생하는 수익형부동산은 굉장히 많다. 그린상가, 지식산업센터, 오피스텔 등 다양하지만 그중에서도 가장 높은 수익률을 내는 부동산에는 뭐가 있을까?

　토지가 지분으로 나누어진 '집합건물'인 아파트가 매매차익이 목적이라면, 자기 건물의 땅을 온전히 갖는 '단독주택'인 다가구주택은 시간이 지나면서 지가상승으로 건물 가격이 오른다. 따라서 임대수익과 매매차익을 동시에 노릴 수 있다. 예를 들어 똑같은 투자금에 비슷한 입지라면, 아파트 1가구를 임대해서 월 80만 원 받는 것보다는 다가구주택 3가구를 임대해서 월 150만 원의 임대료를 받는 게 훨씬 낫다는 것이다. 또한 3가구보다는 5가구를 임대해서 월 250만 원의 임대료를 받는 다가구주택이 더 수익률도 높고 가치가 있다.

포인트 1: 가구수와 공실률

가구수는 수익률과 비례하기 때문에 가구수가 많은 원룸건물은 수익률이 높다. 단 공실 없이 전 세대의 임대가 맞춰진다는 조건이다. 물론 19가구 원룸건물은 수익률이 높은 만큼 3가구나 5가구에 비해 신경을 더 써야 하는 건 사실이다. 가구수가 많고 적음에 따라 분명 장단점은 있기 마련이다. 특히 지방 대학교 인근의 원룸건물의 경우, 현재는 수익률이 다소 높다고 하더라도 무조건 좋다고 볼 수는 없다. 지방의 특성상 1개의 기업이나 대학교를 주 임대 목적으로 하는 것은 위험하다. 군산이 대표적인 사례인데, 하나의 기업이 감원 내지는 부도가 나면 임대를 목적으로 하는 건물주에게는 치명타가 아닐 수 없다. 1~2세대의 공실이 아닌 절반 이상이 공실이 날 우려가 있기 때문이다. 그래서 시간이 지날수록 인구가 줄어드는 지방이 아닌 최소한 수도권에 위치한 기업이나 산업단지, 대학교를 대상으로 임차인이 풍부한 지역이 실패할 확률이 적다. 이건 비단 다가구주택에만 해당하는 것은 아니다. 아파트도 마찬가지다.

  그렇다면 집합건물인 아파트와 다가구주택의 수익률을 비교해 보자. 아파트는 내가 실제로 분양받은 것을 사례로 들었다. 2009년에 분양받은 34평 아파트의 분양 가격은 2억 4,500만 원이다. 취등록세 포함 총 2억 5,000만 원이 들어갔다. 분양받아 입주 후에 알게 된 사실이지만 아파트 정문 4차선 맞은편 상가주택에 필요한 투자금액도 2억 5,000만 원 수준이었다. 같은 지역에 동일한 금액으로 투자를 했다면 10년이 지난 후 지금의 이 둘의 가치는 어떻게 다를까? (물론 분양받은 아파트는 3년 후에 매도했다.)

구분	상가주택	아파트
소재지	화성시 ○○ 택지지구	
투자금액	2억 5,000만 원	2억 5,000만 원
준공일	2009년 3월	2009년 4월
규모 및 특징	대지: 80평(264㎡) 연면적: 127평(420㎡) 신축건물	대지지분: 12.5평(41.2㎡) 공급면적: 34평(112.4㎡) 전용면적: 25평(82.4㎡)
현재 시세	18억 원 (차익: 9억 원)	4억 1,000만 원 (차익: 1억 6,000만 원)
임대수익	보증금: 8억 5,000만 원 월 임대료: 400만 원	-
현금흐름	보증금 상승분: 2억 5,000만 원 임대료 누계: 4억 8,000만 원	-

사실 아파트를 분양받고 2년이 지난 후 매도할 생각으로 부동산중개업소에 방문했다가 이 사실을 접했다. 큰 충격이 아닐 수 없었다. 3층이나 4층 건물은 꿈에도 생각해 본 적이 없기에 동일한 투자금액으로 같은 지역에 이렇게 많은 시세차익이 난다는 사실에 놀랐다. 아마도 택지지구 내 토지와 상가주택에 눈을 뜬 시기가 이때쯤인 것으로 기억한다. 부동산은 지렛대(레버리지)를 이용한다는 소리는 흔하게 들었지만, 두 눈으로 이 차이를 실감한 순간에는 화도 나면서 가슴 벅찬 무언가를 느꼈다.

10년 동안 아파트는 고작 1억 6,000만 원 정도 올랐다. 실제 물가상승률을 따져 보면 오른 것도 아니다. 물가상승률 3.5%로 계산했을 때 2억 5,000만 원이었던 아파트 가격은 10년이 지난 지금 물가상승률 반영 시 7,500만 원 오른 금액이 적정 수준이다. 다시 말해서 물가상승률 감안한 금액보다 2배 정도 오른 셈이다. 이렇듯 자고 나면 아파트 가격이 올랐다는 말도 옛말이 되었다.

포인트2: 투자금 최소화

다가구주택인 상가주택은 보통 수익형부동산으로 알고 있다. 매달 임대수입이 들어오는 수익형 건물인 것이다. 하지만 앞의 표에서 볼 수 있듯이 임대수익보다 지가상승으로 인한 매매가격 상승폭이 더 크다. 은퇴를 앞두고 있는 분들이나 은퇴하신 분들이 수익률 5%가 안 나오는 건물을 매입하는 경우도 이에 해당한다. 은행에 넣어봐야 금리는 뻔하기 때문에 수익률은 낮더라도 은행금리 2배 이상에 향후 매매차익까지 나올 수 있는 건물을 매입하는 은퇴 예정자가 많은 것이다.

수익률을 올리는 방법에는 여러 가지가 있다. 월세를 올리는 방법이나 전세보증금을 높여 투자금을 줄이는 방법도 있고, 대출금액을 늘려 투자금을 줄이는 방법도 있다. 앞에서 말한 지렛대 원리(레버리지)를 최대한 이용하는 방법은 대출금과 전세보증금을 활용하는 것이다. 아파트는 대출을 받으면 하나의 레버리지를 이용하는 셈이지만, 상가주택은 토지와 건물에 대한 대출과 각 세대마다 전세보증금인 레버리지를 이용해서 좀 더 적은 금액으로 투자가 가능한 것이다.

여기서 명심해야 할 게 하나 있다. 바로 이미 다 지어져 마진이 들어간 건물이 아닌 건축업자가 짓고 있는 건물을 원가에 가깝게 매입하면 적은 금액으로 접근이 용이하다는 점이다. 준공된 지 몇 년 지난 기존 주택을 매입하는 것보다 신축을 매입하면 좋은 이유를 몇 가지 이야기하자면 다음과 같다.

- 첫째, 도급(위탁)을 주었을 때보다 마진율이 높다(건축업자 건축 마진 외에도 마진을 최대한 볼 수 있다).
- 둘째, 신축은 감가상각이 되지 않는 건물이어서 기존 건물보다 가치가 더 높다(동일한 기간을 보유하더라도 신축건물은 감가상각이 덜 하다).
- 셋째, 자신의 원하는 마감 자재를 적용할 수 있다(내부와 외부의 색상이나 자신만의 콘셉트가 적용되어 건물에 대한 애착도가 더 높다).

수익률과 안전성은 반비례한다. 아직 젊다면 수익률이 높은 상품에 관심을 보이지만 나이가 많고 은퇴가 몇 년 안 남았다면 수익률보다는 안전한 상품에 관심이 많다. 다가구주택의 경우, 보유하는 동안의 지가상승으로 인한 매매차익과 그 기간 동안 받은 임대수익을 수익률로 계산하면 일반 아파트와는 비교도 되지 않는다. 또한 기회비용을 얻는 것이고 받은 월세를 모아 재투자를 할 수 있으며 전세로 된 가구를 월세로 전환할 수 있다. 다시 말해, 다가구주택은 부동산투자에 있어 수익률을 넘어 안전하게 발판을 마련해 주는 동반자와 같다.

첫째도 '대지지분' 둘째도 '대지지분'

　수익률은 부동산투자를 하면서 빼놓을 수 없는 중요한 부분이다. 똑같은 돈을 투입해서 투자금 대비 매달 받는 임대수입이 많으면 많을수록 좋은 것은 당연한 이치다. 은행금리보다는 4~5% 수익률을 원하고, 리스크만 감당된다면 10%대 수익률을 원한다. 하지만 맹목적으로 수익률만을 좇는다면 원금마저 잃을 확률이 높다. 대표적인 예가 주식이 아닐까 싶다. 주식은 변동성이 매우 높은 금융상품으로 작전세력의 먹잇감 밖에 되지 않는다. 또한 주식은 지렛대 원리를 이용할 수 없다. 대출로 자금을 만들 수도 없고 전세보증금이란 타인의 돈을 활용하여 내 투자금을 최소화할 수도 없다.

　예를 들어 1억 원을 들여 주식을 샀는데 5배가 올라 5억 원이 되었고, 부동산은 2억 5,000만 원이 되었다고 가정해 보자. 주식은 5배가 올랐고 부동산은 그것보다 덜 올랐다고 해서 주식투자가 부동산보다 더 좋다고 말할 수 있을까? (단, 주식은 투자한 회사가 10년 후에도 존재해야 한다는 조건이다.) 부동산은 대출과 전세보증금을 활용해 더 적은 금액으로도 동일한 수익률을 낼 수 있다. 무엇보다 더 안정적이고 확실하다.

상담을 오시는 분들 중에 큰 손해를 본 유형은 하나같이 이에 해당된다. 높은 수익률에 혹해서 지인에게 돈을 빌려주고 못 받거나, 잘 알지도 못하는 펀드에 투자해서 원금의 절반 이상을 잃은 경우다. 세상에는 공짜가 없듯이 그저 달콤한 말에 속아 말도 안 되는 수익률에 피와 같은 자신의 돈을 맡기지 말아야 한다.

최근에 지인으로부터 솔깃한 제안을 받았다. 지방의 아파트부지를 개발해서 시행을 준비 중인데, 자금이 부족하다는 것이다. 5억 원을 투자하면 2년 안에 10억 원으로 받을 수 있다고 했다. 이런 최고의 수익률이 또 있을까? 여러분은 어떻게 생각하는가? 2년 안에 원금 2배의 수익률을 낼 수 있는 물건이 있다면 어떤 결정을 내릴 것인가? 그렇다. 수익률은 200%다. 10억 원이면 20억 원이 되고, 50억 원이면 100억 원이 된다. 그분의 말을 100% 믿을 수 없지만 객관적으로 생각해도 말이 안 되는 수익률이다. 그래서 "그럼 형님은 얼마나 투자하세요?"라고 물었더니, 그분은 돈이 없어 투자하지 못했다는 것이다. 이렇게 놀라운 수익률을 안겨주는데 빚을 내서라도 투자해야 하지 않나? 정말로 자신은 여유자금이 없어 나에게만 이런 혹하는 제안을 알려주는 걸까? 모든 투자는 이렇게 생각하면 된다. 왜? 나에게 왜? 그렇다고 왜? 이렇게 '왜'라는 질문을 세 번만 해보면 사기를 당하지 않을 수 있다. 이게 말이 되는가. 5억 원을 투자해서 2년 안에 10%인 5,000만 원을 받는 것도 놀라운데 2배로 안겨준다니……. 이처럼 투자에 있어 욕심을 버리고 객관적으로 생각해 본다면 적어도 원금을 까먹는 사기는 당하지 않을 것이다.

3개의 축: 안정성, 환금성, 수익성

물론 수익형부동산을 매입할 때는 고정적인 임대수익은 물론 매매차익도 볼 수 있기를 원한다. 하지만 욕심이 앞서 수익률에만 집착하지 말고 눈앞의 숫자에 현혹되지 않으려는 노력이 필요하다. 부동산은 안정성, 환금성, 수익성 이 세 가지가 골고루 갖춰져야 한다. 하지만 이 세 가지를 갖추기란 여간 쉽지 않다. 수익성만 놓고 보자면 상가와 신축빌라, 오피스텔이 높다고 볼 수 있다. 하지만 환금성 면에서는 다소 떨어진다. 분양 가격 대비 향후 매매 상승이 어렵기 때문이다. 이 점을 주의 깊게 따져봐야 한다. 임차인을 덜 신경 쓰고 월세를 받을 수는 있지만, 향후 매매차익은 기대할 수 없고 팔고 싶을 때 팔 수도 없다. 그 이유는 무엇일까? 바로 부동산의 근원이라고 할 수 있는 토지를 차지하는 비중이 매우 적기 때문이다.

수익형부동산에 투자한다고 마음먹었다면, 가장 먼저 직면하는 문제가 이것이다. 어느 지역에 투자해야 할까? 그리고 어떤 부동산에 투자해야 할까? 수익률은 기본이고 이외 고려할 사항도 한두 가지가 아니지만, 결국 토지를 늘려가는 데 초점을 맞춰야 하는 것이다. 토지를 늘릴 때 해당 토지 위 건물에서 얼마의 수익이 나오는지가 관건이다. 이것은 해당 부동산을 장기간 유지할 수 있는 버팀목이 되기 때문이다. 앞에서 지방의 잘못된 토지 투자로 필자도 큰 수업료를 냈다고 말했다. 돈이 되는 토지가 있는가 하면 돈이 되지 않는 토지, 즉 활용가치가 떨어지는 토지도 있기 마련이다. 무엇이 되었든 장기간 보유하기 위해서는 유지할 수 있는 임대료가 뒷받침되어야 한다. 더불어 그 임대료가 높으면 높을수록 좋겠다. 그래서 수익률 하나만으로 부동산의 가치를 평가하기에는 부족하다. 수익률과 안정성의 중간이 적절히 필요하다.

건폐율과 용적률

토지를 이해하기 위해서는 건폐율과 용적률에 대해 알아볼 필요가 있다. 건폐율은 대지면적에 대한 건물의 바닥면적의 비율로서, 건축밀도를 나타내는 지표 중 하나이다. 그렇기 때문에 건물을 얼마만큼의 면적으로 건축할 수 있는지를 건폐율로 확인할 수 있다. 지방에 가 보면 주차장이 넓은 식당을 흔하게 볼 수 있는데, '주차장은 넓게 사용하면서 왜 건물은 더 짓지 않았을까?' 하고 생각한 적이 있을 것이다. 녹지지역의 경우 건폐율이 20%이기 때문에 100평짜리 땅이 있어도 건물은 20평밖에 짓지 못한다.

용적률은 대지 면적에 대한 건물 연면적의 비율로서, 건축물에 의한 토지의 이용도를 보여주는 기준이다. 따라서 동일한 토지 위에서 몇 층까지 건물을 올릴 수 있는지를 용적률로 알 수 있는데, 이는 수익성과도 관련이 높다. 대부분의 오피스텔은 용적률이 높은 상업용지나 준주거지역에 위치하고 있어서 아파트에 비해 대지지분이 현저히 낮다. 대지지분이 적다는 이유로 재건축 또한 어렵다.

같은 토지이지만 입장에 따라 둘은 확연히 달라진다. 건폐율과 용적률이 높을수록 동일 토지에 최대한 많은 건물을 올릴 수 있기 때문에 시행자나 개발업자 입장에서는 사업성이 좋을 수 있겠지만, 분양받은 투자자에게 돌아가는 토지는 적을 수밖에 없다. 수익형부동산으로 임대사업을 준비하시는 분들이 점점 많아지고 있다. 토지를 알아볼 때는 구옥이든 신축건물을 짓든 상관없이 기본적인 토지의 용도지역과 그에 맞는 건폐율과 용적률은 알고 있어야 한다(용도지역은 지자체별로 약간씩 차이가 있다).

용도지역은 도시지역과 비도시지역으로 나뉘는데, 도시지역은 주거지역, 상업지역, 공업지역, 녹지지역으로 나뉜다. 이 중 주거지역이 주택임대사업을 하기 가장 적합한 토지이며, 주거지역은 다시 다섯 가지로 세분화된다. 일반적으로 원룸주택(다가구주택)을 신축하기에 가장 적당한 용도지역은 '제2종 일반주거지역'이다. 참고로 아래의 표는 서울시의 용도지역별 건폐율과 용적률이다.

용도지역	건폐율	용적률
제1종 전용주거지역	50% 이하	100% 이하
제2종 전용주거지역	40% 이하	120% 이하
제1종 일반주거지역	60% 이하	150% 이하
제2종 일반주거지역	60% 이하	200% 이하
제3종 일반주거지역	50% 이하	250% 이하
준주거지역	60% 이하	400% 이하
중심지역	60% 이하	1,000% 이하
일반상업지역	60% 이하	800% 이하

대지지분은 곧 개발과 연결된다

그렇다. 부동산 가치는 결국 건물이 아니라 땅으로 귀결된다. 자신의 집 주변을 둘러보자. 구옥들이 다가구주택이나 빌라(다세대주택)로 바뀌는 모습을 쉽게 볼 것이다. 구옥을 허물고 해당 토지의 용적률에 맞게 건물을 올리면 수익이 몇 배가 되기 때문에 단층으로 된 구옥들이 사라지는 것이다. 그렇게 되면 철거비와 건축비를 충당하고도 오히려 돈이 남는다.

서울의 땅은 항상 부족하며 자투리땅도 속속 개발되고 있다. 새로 분양하는 모든 주택은 재건축 아니면 재개발이다. 이러한 이유로 높은 수익률보다 대지지분이 많은 부동산에 투자하는 게 가장 안정성이 높은 투자라고 볼 수 있다. 그 이유는 상가나 오피스텔과 비교할 수 없이 넓고 독자적으로 개발(신축, 증축)이 가능하기 때문이다.

건물 보수, 월세 미납…
리스크 관리 _____

어릴 적 좁은 방에 네 식구가 살았고, 50cc 스쿠터가 유일한 교통수단이었다. 그래서 넓은 집과 고급 승용차가 있으면 부자라 생각했고, 성공한 삶이라고 생각했다. 하지만 주위를 보면 내 선입견이 잘못되었다는 것을 느낀다. 원룸건물에 세입자로 살아도 외제차를 타고 다니는가 하면, 100억 원이 넘는 자산을 가졌음에도 오래된 국산차를 끌고 다니는 사람도 있다. 이처럼 우리는 스스로 잘못된 선입견과 편견을 만들며 살아간다.

부동산투자는 돈이 많이 있어야 할 것 같고, 건물주는 평범한 직장인이 될 수 없을 것 같다. 대출은 아주 위험하며 빨리 갚아야 하는 것으로 생각한다. 직접 경험하지 않고 남들에게 주위들은 이야기를 마치 자신이 오랫동안 경험했던 것처럼 치부해 버린다. 같은 풍경을 보더라도 각자 자신의 상황에 맞게 해석하고 느끼듯이 부동산투자도 마찬가지다. 경매는 명도가 힘들고, 상가는 공실의 위험이 크고, 다가구주택은 하자가 많고, 집은 자신이 살고 있는 거 하나면 된다고 생각한다. 도대체 이 생각들은 누가 만들었을까?

사람은 자신만의 경험으로 인한 편견과 선입견이 생기기 마련이다. 어떤 사물에 대해서 좋은 이야기를 자주 듣게 되면 잘 알지 못하면서도 그냥 좋아하게 된다. 또는 부정적인 이야기를 듣게 되면 괜히 꺼리게 된다. 사물뿐만 아니라 부동산도 마찬가지다. 똑같이 경매학원을 다녀도 임장 활동하고 권리 분석해서 낙찰을 받아 수익을 맛본 사람이 있는가 하면, 권리분석만 하다가 입찰은 한 번도 못해본 사람도 많다.

다가구는 처다보지도 말라는 조언들

다가구주택은 지역에 따라 노후도가 다양하다. 신도시 택지지구의 경우 비슷한 시기에 지어진 신축건물들이 즐비하지만, 구도심의 경우 25년이 넘은 노후 다가구주택이 많다. 오래전에 지어진 구축은 건축 시공 방법이 지금과 달라 철근콘크리트 구조가 아니기에 전체적으로 부실할 수밖에 없다. 마감은 물론 결로, 곰팡이 등등 설비 문제도 자주 발생한다. 오래된 건물을 매입해서 잦은 하자로 인해 마음고생을 많이 했거나 임차인으로 살면서 불편했던 경험이 있다면 다가구주택에 대한 부정적인 편견이 생겨났을 것이다. 이러한 이유로 지인이 다가구주택에 투자한다고 말하면, 어디선가 들었던 이야기에 자신의 경험담까지 넣어 더욱더 부정적으로 말할 수밖에 없는 것이다.

일상에서 쉽게 들을 수 있는 다가구주택에 대한 선입견에는 뭐가 있을까? 다가구주택 특히 가구수가 많은 원룸건물은 임차인 관리가 어렵다고들 한다. '가지 많은 나무에 바람 잘 날이 없다'는 속담도 있듯 분명 틀린 말은 아니다. 아무래도 임차인이 많으면 한 번이라도 손이 더 가기 마련이다. 임대계약서 쓸 때도 굳이 부동산 사무실에 방문하지 않아도 된다. 간혹 주인을 꼭 보고자 하는 임차인이 있다면 일단 통화로 대신할 수 있고, 그래도 만나길 원한다면 그때 만나면 된다. 또 요즘 신축건물들은 5년이 지나도 건물에 대한 큰 하자가 거의 없다. 오히려 임차인의 부주의로 하자가 발생하기도 한다. 예를 들어 변기에 아무거나 집어넣어 막히는 경우 말이다. 신축이라 할지라도 사람이 하는 일이라 작은 수리가 필요하기도 하지만, 기본적인 수리라면 인근 철물점 사장님에게 연락해서 몇만 원 되지 않는 금액으로 손쉽게 해결이 가능하다.

'월세를 제때 안내고 속 썩이지 않을까'라고 생각하며 걱정하는 분들도 있다. 하지만 월세를 못 냈을 경우를 대비해서 받아두는 것이 보증금이다. 월세 안 내고 버티는 임차인은 거의 드물고 설령 몇 개월 월세를 밀린다 해도 보증금에서 제하면 되니까 전혀 문제 되지 않는다.

'건물 청소 및 관리가 힘들다'는 걱정도 많다. 건물에 주인이 직접

같은 투자, 다른 수익률

거주하는 경우도 거의 드물지만 직접 청소하는 경우도 거의 없다. 일주일에 한 번, 한 달에 총 네 번을 청소업체에 맡기는데, 한 달에 3층 건물은 5만 원, 4층 건물은 6만 원 수준이다. 계단 청소 및 분리수거함 회수 등의 일을 해주기 때문에 건물주가 쓰레기 줍는 일은 거의 없다고 보면 된다. 현재 37가구를 관리하고 있는 경험자로서 한 가지만 말씀드리자면, 임대수입 대비 건물 관리에 투입되는 시간은 비교할 수 없을 정도로 적다. 하지만 남의 건물도 아니고 자기 건물인데 그 정도도 신경 쓰지 않고 보유만 하겠다고 생각한다면 다른 일 또한 아무것도 할 수 없을 것이다.

재테크는 돈으로 하는 웨이트트레이닝

웨이트트레이닝은 부동산과 흡사한 면이 있다. 사람들은 몸이 좋은 사람들을 마냥 부러워만 하다가 끝나고 만다. 몸이 좋은 사람도 시간이 남아돌아서 운동하는 게 아니라 바쁜 시간을 쪼개서 운동하는 것이다. 이처럼 과정을 보지 않고 결과만을 보는 것은 초보 부동산투자자도 마찬가지다. 부동산으로 돈을 벌었다고 하면 많은 사람들이 단순이 운이 좋아 투자한 부동산이 오른 것이라고 생각한다. 하지만 그들은 나름대로 해당 부동산을 매입하기까지 수많은 발품을 팔며 알아봤을 것이고 결정적으로는 실천(계약)을 했다. 피트니스센터에서 운동하다 보면 운동을 계속해 왔던 사람과 이제 막 운동을 시작한 사람을 쉽게 구분할 수 있다. 웨이트는 가벼운 중량을 무겁게 들어서 근육의 수축과 이완을 최대한 확장시키는 것이다. 하지만 초보들은 남을 의식하며 중량을 올리는 것에만 집중하고 올바른 자세나 수축과 이완은 전혀 생각하지 않는다. 그렇게 며칠 운동하고 끙끙 앓아누워 운동을 그만두기 일쑤다. 이처럼 부동산도 큰 수업료를 내면 두 번 다시는 부동산에 발을 들이지 않는다. 부동산투자도 웨이트트레이닝과 마찬가지로 남의 이목에서 자유로워졌을 때 누구나 바라는 경제적 자유를 좀 더 빨리 이룰 수 있다.

일반 직장인은 근속연수가 늘면 월급도 올라가지만, 물가상승률에 비하면 턱없이 부족하다. 하지만 정작 목돈이 생기면 투자가 아닌 소비에 더 치중을 하게 된다. 예를 들어 지금 소유한 차를 팔고 좀 더 고급형 차를 구입한다거나 배우자에게 명품가방을 선물한다거나 가족과 유럽여행을 다녀오는 등의 소비 말이다. 남에게 보이는 것만을 중요시하고 정작 내실이 없다면 '빛 좋은 개살구'밖에 되지 않는다. 하지만 주거비용을 줄여 생긴 여윳돈으로 수익형부동산을 매입한다면, 얼마든지 수익률을 낼 수 있다.

부동산은 타 상품에 비해 재화가 크기 때문에 많은 비용이 들어가는 건 사실이다. 하지만 자신의 투자금액이 적다는 이유로 투자를 포기해서는 안 된다. 택지지구 내 다가구주택에서 기회를 찾을 수 있다. 또는 구도심의 다세대주택 1개 동을 통째로 매입하는 방법도 있다. 우선 다가구주택에 대한 선입견부터 버려야 한다. 초행길과 낯선 지역이 생소한 것처럼 자주 접해본 아파트와는 다르게 자주 접하지 않았던 다가구주택에 투자하는 것은 두려움이 따르기 마련이다. 공실에 대한 두려움, 대출금액과 금리상승에 대한 두려움, 건물 감가상각의 두려움, 건물 청소 관리 및 임차인 상대의 두려움 등등 다양하다. 자세한 내용은 뒤에서 따로 다루겠다.

다가구주택에 투자하는 것은 단순히 건물만을 매입하는 것이 아니라 건물이 깔고 앉은 땅을 오롯이 소유하는 것이다. 인구가 줄어들수록 대도시로 집중하게 되어있다. 그래서 도심의 토지 가격은 물가상승률 이상으로 오르게 된다. 따라서 다가구주택 투자는 돈이 부족하다고 포기할 게 아니고 전세보증금을 활용해 기회로 삼아야 한다. 갭투자 형식으로 아파트 여러 채 보유하는 것보다 1주택자 조건을 유지할 수 있는 단독주택인 다가구주택이 현명하고 실속 있는 투자방법이다.

선입견과 편견은 잘못된 고정관념으로 바뀌어 자신의 나이와 비례하여 쌓여간다. 아는 만큼 보이듯이 보는 관점을 바꾸고 다가구주택을 있는 그대로 바라볼 수 있는 눈이 필요하다. 우물 안 개구리처럼 자신이 알고 있는 상식과 잘못된 기억이 전부가 아니라는 사실을 잊지 말자.

물가상승률을 이겨내야
진짜 승리자

이 책을 읽는 독자들은 대부분 평범한 직장인일 것이다. 회사에서 한 달에 한 번 주는 월급을 쪼개서 생활비와 자녀 교육비, 아파트 대출 이자를 갚으며 살고, 아마 그 월급마저도 경조사가 많거나 외식 한두 번을 더하게 되면 계획에 차질이 생겨 마이너스 아니면 다행이다. 이러한 모습이 흔한 우리네 직장인들의 모습이다. 나는 1996년 외환위기를 바로 코앞에 두고 직장 생활을 시작했다. 직장 생활을 시작한 지 얼마 안 되어 경제는 판이하게 어려워지고 힘든 시기가 되었다. 당시 사회초년생이었던 나는 취업도 힘든 시기에 대기업을 다니는 내가 스스로 대견하고 뿌듯했다.

IMF 외환위기가 왔을 때 군 생활을 한 후 복직해서 18년간 한 직장에 다니며 회사가 마치 내 것인 것처럼 일했고, 월급 받으며 직장 생활 하는 것이 전부일 줄 알고 살았다. 하지만 시간이 지날수록 매일 반복되는 생활이 아닌 온전히 나만의 여유를 갖고 싶었다. 직장에 다닐 때는 퇴근 후 저녁 시간과 휴일의 시간마저 다음 한 주를 위한 충전일 뿐이었다. 쉬어도 쉬는 게 아니었다. 그러면서 스스로 이런 질문을 하는 시간이 부쩍 잦아졌다.

"도대체 나는 누구의 인생을 살고 있는 걸까?"
"한 번뿐인 인생인데 직장 생활은 왜 전혀 만족스럽지 않을까?"

이런 생각들이 자주 들면서 물 위에 뜬 기름처럼 자꾸만 회사 생활에 회의감이 들었다. 정작 내가 바라고 꿈꾸던 모습은 아니었다. 대기업에 입사했다고 부모님의 기뻐하는 환한 얼굴이 어제 일처럼 선명하게 떠올랐지만 현재 나의 직장 생활은 전혀 행복하지 않았다. 햇살이 좋고 화창한 날은 무작정 여행을 떠나고 싶었고 흐리고 비가 오는 날은 고즈넉한 분위기가 있는 곳에 앉아 떨어지는 비를 보며 낮술도 마시고 싶었다. 아무에게도 구속받지 않고 제약이 없는 자유로운 삶을 꿈꿨다. 그렇게 바라던 나의 바람과 달리 회사 일에 얽매여 자유롭지 못하고 사무실과 현장을 바쁘게 뛰어다니며 소중한 인생을 바쳐야만 했다.

돈 나갈 구멍은 많은데, 들어올 구멍은 월급뿐

살다 보면 뭔가 사고 싶고 경험하고 싶은 게 있기 마련이다. 그런데 경제적인 이유로 참아야 하는 경우가 많다. 그러면 나 자신이 얼마나 초라해지는지 모른다. 그저 한 달에 한 번 받는 월급의 액수가 정해져 있으니 항상 그 정도의 범위에서만 선택을 해야 하는 현실이 나를 한없이 작게 만들었다. 자유분방한 성격은 아니었지만 마음대로 선택할 수 없고, 더불어 어떠한 제한이 가해지는 것이 죽을 만큼 싫었다(군 생활도 자유가 없고 통제가 있는 게 너무 싫었다).

그런 와중에 부동산에 관심을 갖게 되었고 부동산과 관련된 책들을 사서 읽게 되었다. 책들은 하나같이 쉬고 있어도 계속 현금흐름이 발생하는 수익형부동산에 대한 시스템을 이야기했다. 부동산과 관련된 책을 읽는 양이 많아지면서 그동안 월급에만 의존했던, 월급 안에서 지출해야만 했던 나의 고민이 하나씩 해결되는 듯했다. 그래서 내린 결론은, 대기업 연봉으로는 내가 바라는 자유로운 삶을 살 수가 없다는 것이었다. 월급 이외에 돈이 나오는 시스템을 만드는 것이 시급했다. 직장 생활은 단지 기본적인 생활을 유지하기 위한 수단일 뿐이었다. 즉 자신의 소중한 시간을 월급과 맞바꾼다는 의미이기도 하다.

연봉이 높고 복지가 좋은 대기업이 아니었다면 진작 더 빨리 알아차리고 또 다른 삶을 꿈꿔왔을 수도 있다. 단지 중소기업 다니거나 자영업 하는 친구들에 비해 좀 더 많은 월급에 만족하며 '이만한 회사가 없지'라고 스스로 위안하며 보낸 시간이 18년이다. 계속 이렇게 직장에서 주는 월급에만 만족하면서 살 수는 없었다. 만일 월급에 만족하면서 살았다면 회사의 노예와 다를 바가 없다. 직장인에게 회사는 비를 피할 가림막일 뿐이다. 하지만 그 가림막이 전부인 양 평생 그것만 믿고 월급 이외에 수입을 만들지 않는다면 맨몸으로 허우적대느라 돈에 얽매이면서 돈의 노예가 되는 삶을 살게 된다. 우리는 월급만으론 매달 살기도 빠듯한 세상에 살고 있다. 월급 이외의 수입이 월급을 넘을 때 직장으로부터 온전히 독립할 수 있다. 독립이라고 해서 무조건 회사를 그만두고 사업이나 치킨집을 하라는 것이 아니다. 직장에서 월급을 받으면서도 얼마든지 시간을 쪼개어 부동산을 공부하고 실천에 옮길 수 있다.

우리는 자본주의 사회 속에서 살고 있다. 자본주의 시스템은 지속적으로 돈을 찍어낼 수밖에 없다. 통화량 증가와 함께 물가상승도 이루어진다. 현금이 아닌 현물 부동산을 많이 보유한 임대사업자들은 오히려 물가가 오르는 것을 더 좋아한다. 물가가 오를수록 현물자산인 부동산 가격의 매매가와 함께 전월세도 올라가기 때문이다. '내 월급 빼고 다 오른다'라고 하소연해 봐야 월급으로 생활비 쪼개어 저축하는 것은 시간낭비일 뿐이다. 일반 직장인들은 작지만 꾸준히 모으면 목돈을 만질 수 있을 거라는 잘못된 생각을 한다. 그렇게 몇십 년을 모아도 돈을 불리는 것은 쉽지 않다. 오히려 화폐의 가치 하락으로 그동안 모았던 돈마저도 현재 가치를 유지하기 힘들다. 물가는 소리 없이 직장인의 월급을 감소시키는 것과 같다.

임대사업으로 이루는 경제적 자유

자본주의 사회는 경제적 자유를 얻은 자와 경제의 일원으로 일조하는 일반 서민으로 구분된다. 일반 서민은 회사의 노예로, 은행의 노예로 살 수밖에 없다. 요즘 같은 시대에 무슨 노예냐며 반문할지도 모르겠다. 하지만 현재도 눈에 보이지 않지만 속박되어 사는 것은 똑같다. 물가는 해마다 오르는데 월급은 물가가 오르는 속도만큼 오르는 것이 아니어서 계속 힘들 수밖에 없는 구조다. 그렇다면 방법은 전혀 없을까? 그렇지 않다.

한 달은 보통 30일로 구성되어 있다. 월급은 한 달에 한 번뿐이지만, 부동산을 30개 소유하면 하루에 한 번 월급이 들어오는 것도 가능하다. 현실적으로 가장 좋은 방법은 대지 80평 정도의 4층짜리 원룸건물이나 상가주택을 한두 채 소유하는 것이다. 왜 그럴까? 19세대의 원룸건물이라면 19명의 임차인이 존재한다. 비용적인 면에서나 관리적인 면에서도 아파트나 오피스텔에 비해 훨씬 수월하다. 아파트나 오피스텔 10채 이상을 가지고 있는 것보다 비용은 적게 들면서 임대수익은 그 이상으로 나온다. 이게 바로 아파트나 오피스텔, 상가가 아닌 다가구주택을 매입해 임대인이 되어야 하는 이유다. 아파트 한 채, 오피스텔 한 채, 상가 하나, 빌라 한 채에 만족하지 말고 같은 1주택자라도 세대 수가 많아 임대를 많이 할 수 있는 통 건물에 관심을 갖고 투자해야 하는 이유는 분명하다.

물가가 오르는 만큼 전세가와 월세도 덩달아 오른다. 자신이 소유한 다가구주택에서 임대수익은 더 늘어나게 된다. 임대수익이 나오는 여러 세대의 다가구주택을 소유한다는 게 얼마나 중요한지 느꼈을 것이다. 현물인 다가구주택이 직장인을 자본주의 노예가 아닌 주인으로 살게 한다는 사실을 잊어서는 안 된다.

18년간 한 직장에 다니며 월급에만 의존했던 내가 느낀 현명한 직장인에 대한 정립은 이렇다. 홧김에 사표를 내는 것이 아니다. 새로운 트렌드에 맞는 사업을 하는 것도 아니다. 사표도 내지 않고, 사업도 하지 않으면서 월급 이외의 임대수익을 꾸준히 늘려가는 것이다. 월급과 월세를 동시에 받는 임대사업자인 직장인이 되어야 한다.

건물 가치를 결정하는
리모델링

흔히 농담처럼 "내 얼굴은 대대적인 리모델링이 필요해"라는 말을 한다. 이처럼 리모델링은 성형수술을 우회적으로 돌려서 하는 말이다. 얼굴뿐만 아니라 가지고 있던 보험들을 리모델링한다는 표현을 쓰기도 한다. 사실 리모델링 제도는 기존 건축물의 노후화 억제 및 기능 개선을 촉진하기 위해 2001년 건축법 개정으로 도입된 제도이다. 15년 이상 된 건축물에 대하여 증축, 개축 등의 리모델링을 실시하는 경우에는 건폐율, 높이 제한 등의 건축 기준을 완화하여 적용할 수 있도록 하고 있다.

요즘 단독주택과 다가구주택이 밀집한 지역에서는 골목마다 낡은 집을 허물고 다가구주택부터 오피스텔이나 도시형 생활주택으로 신축하는 사례를 적지 않게 볼 수 있다. 그렇다면 어떤 건물을 매입해서 리모델링하는 게 적합할까? 서울의 땅은 물론 대도시의 토지는 가격이 만만치 않다. 앞에서 말한 것처럼 도심의 땅을 많이 확보하는 게 부동산투자의 핵심이다. 땅값이 많이 오른 상태에서 토지만을 매입하기에는 큰돈이 필요하다. 하지만 준공된 지 20년 이상 된 구옥은 땅값만 계산해서 거래되기 때문에 건물값은 제대로 쳐주지 않는다. 건물은 일정 시간이 지나면서 감가 상각되어 수명이 유한하지만 토지는 무한하다. 즉, 건물을 거의 가져오다시피 해서 매입할 수 있다는 얘기다. 이런 다가구주택이나 단독주택을 매입해서 리모델링하면 신축에 준하는 건물 수명을 연장할 수 있다. 하지만 리모델링하기에 적합한 주택을 매입하는 안목이 필요하다.

| 신축 비용의 30%로 새집처럼 |

구체적으로 사례를 들어보자. 강동구 고덕동에 위치한 땅으로 면적은 55평(182㎡)이다. 지하는 투룸 2세대, 1층 쓰리룸 1세대, 2층 쓰리룸 1세대, 3층 쓰리룸 주인 세대 및 원룸 옥탑방으로 구성되어 있다. 지하는 1가구당 9,000만 원으로 전세 임대해서 총 1억 8,000만 원이다. 1층 쓰리룸 전세는 2억 3,000만 원, 2층 쓰리룸 전세는 2억 4,000만 원, 3층 주인 세대는 2억 5,000만 원, 옥탑방 원룸은 전세 5,000만 원으로 임대되었다. 총 전세보증금은 9억 5,000만 원이다(대출은 2억 원).

층	호수	방 수	보증금	월세	비고
지층	B01호	2	9,000만 원	-	
	B02호	2	9,000만 원	-	
1층	101호	3	2억 3,000만 원	-	
2층	201호	3	2억 4,000만 원	-	
3층	301호	3	2억 5,000만 원	-	
옥탑	401호	1	5,000만 원	-	

이 지역 땅값은 1평(3.3㎡)당 2,500만 원이고 이 주택의 매매가격은 14억 원이다. 자신이 거주하지 않는다는 조건으로 매입하게 되면 필요한 돈은 2억 4,000만 원이다. 여기서 리모델링이 필요한 핵심 이유는 다음과 같다. 다세대주택(빌라) 전세보증금밖에 안 되는 금액인 2억 4,000만 원으로 서울 도심에 대지 55평을 확보한다는 사실이다. 물론 건물 노후도와 관리 상태에 따라 위에서 사례를 든 것보다 저렴한 전세보증금으로 임대될 수 있다. 중요한 것은 최소한의 투자금액으로 남들은 오래돼서 거들떠보지도 않는 20년 이상 된 다가구주택을 매입하는 것 그리고 리모델링을 통한 수명 연장으로 임대금액을 높여 수익을 극대화할 수 있다는 점이다. 현재 이곳은 이케아IKEA의 입점이 확정되어 지가상승이 기대된다. 그러면 우선 리모델링의 다섯 가지 장점에 대해 알아보자.

첫째, 건물을 리모델링하면 시간과 비용 대비 건물의 가치를 획기적으로 끌어올릴 수 있다. 주택은 물론 상가와 건물도 큰 폭의 가치상승을 만들어 낼 수 있다.

둘째, 신축 비용의 30~50%만으로 신축과 비슷한 효과를 볼 수 있다. 리모델링 공사는 일반적으로 토목공사와 골조공사가 제외된다. 기존 건물의 골조를 그대로 사용하기 때문이다. 일반적으로 토목공사와 골조공사가 전체 공사비의 절반의 가까운 금액을 차지하기 때문에 그만큼 비용이 절약되는 것이다.

셋째, 신축공사의 3분의 2 정도를 차지하는 토목공사와 골조공사가 제외되기 때문에 공사 기간이 대폭 단축된다. 이뿐만이 아니라 절차에 있어서도 간편하다. 신축의 경우 인허가 절차가 복잡하고 시간도 오래 걸리지만, 리모델링의 경우 신고만으로 공사가 가능하기에 기간 및 절차가 간소하다.

넷째, 도심에서의 신축공사는 주변 거주자들의 민원 문제가 많다. 일단 민원이 접수되면 공사가 중단되어 공기가 길어지고 이를 해결하기 위한 노력과 비용이 추가로 발생하게 된다. 하지만 리모델링은 건물의 철거, 토목공사, 골조공사 공정이 없기 때문에 민원의 발생이 적다.

다섯째, 최근 건축법과 주차법이 강화되어 신축하게 되면 예전에 비해 훨씬 규모가 줄어들게 된다. 하지만 리모델링의 경우 기존 건물이 지어질 당시에 완화된 법규의 기득권을 그대로 인정해 주기 때문에 현재의 법규를 적용받는 것보다 면적이나 주차대수에 있어서 훨씬 유리하다. 단, 증축의 경우에는 그 증축된 부분에 한해서는 현재의 법규를 적용받게 된다.

2018년 8월 27일부터 단독주택이나 다가구주택 리모델링 시 구조 변경 등의 대수선 공사는 연면적 60평(200㎡)을 초과하면 직영공사가 안 되고 종합건축면허를 가지고 있는 건설업자에게만 가능하도록 '건설산업기본법'이 개정되었다. 더불어 심각한 주차난 해소와 차량 안전을 위해 주차법도 강화되었다. 이러한 이유로 앞으로는 신축보다 시간과 비용을 줄일 수 있는 리모델링이 대세가 될 것이다.

법적으로 신축보다 유리한 리모델링

리모델링으로 수익을 낼 수 있는 건물은 현재 건축법과 조례의 적용을 받아 신축할 때 건물의 연면적이 줄어드는 건물을 선택해야 한다. 어느 투자자는 지어진 지 30년 된 2층짜리 단독주택을 허물고 신축하려고 진행하는 중에 허가받을 수 있는 면적이 10평 이상 줄어들게 되어 리모델링으로 결정했다. 과거에는 차량이 많지 않아 주차에 대한 법규가 미비했지만 현재는 증가한 차량으로 인해 주차난이 심해서 주차법이 강화되어 신축에는 불리하다. 예를 들어 반지하가 있는 구옥 3층 건물을 허물고 신축을 하게 되면 예전에는 주차법이 적용받지 않았지만, 가구당 주차대수를 확보하기 위해 1층 필로티 구조로 했을 때 임대할 수 있는 가구수가 줄어들게 된다. 다시 말해서 줄어든 가구수만큼 임대수익도 줄어들게 되는 것이다.

오래된 건물을 보면 떨어진 거리가 없는 합벽으로 지어진 건물들이 있다. 당시에는 건축법에 일정 거리를 띄우는 규정이 따로 없었기 때문에 좁은 땅을 100% 찾아 먹은 격이다. 하지만 1999년 2월 8일 건축법이 개정되면서 민법에 인접대지경계선에서 건축물은 0.5m 이상 띄워놓게 되어있다. 참고로 다가구주택은 0.5m 이상, 다세대주택(빌라)은 1m 이상 떨어져야 한다.

리모델링은 주택에만 국한되지 않는다. 근생건물도 마찬가지다. 10억 원대 상가주택과 20억 원대 낡은 꼬마빌딩을 리모델링해서 적지 않은 시세차익을 보는 분들이 있다. 지인 중 한 분은 보유하고 있던 다가구주택(상가주택) 두 채와 상가를 모두 팔고 대출을 이용해 8차선 대로변의 20년 된 낡은 3층 상가건물을 매입했다. 건물 앞에 버스정류장이 있어서 유동 인구가 많았다. 뒤편으로 4,000세대가 있는 대단지 아파트가 있고, 바로 인근에 대형할인마트가 자리 잡고 있었다. 등기 비용과 상가건물 리모델링 비용을 포함해 든 비용은 20억 원이다. 건물 맞은편 혁신도시 개발 호재로 현재 이 건물의 가치는 40억 원을 훌쩍 넘어섰다.

예전에는 땅을 사서 내가 직접 건물을 지으면 더 큰 이익을 얻을 수 있었다. 그러나 지금은 원자재 가격이 상승해 신축을 통한 수익률이 저조한 편이다. 이런 때에는 노후된 건물을 매입해서 리모델링하여 수익률을 높이는 것도 방법이다. 자금 여력이 부족한 상태에서 신축하기엔 부담이 만만치 않다. 그렇기 때문에 입지는 좋지만 건물이 오래되고 관리가 되지 않아 저평가된 건물을 찾아 매입하면 리모델링을

해 수익을 올릴 수 있다. 신축에 비해 상대적으로 규제가 적고 적은 비용을 들일 수 있는 리모델링으로 가치를 높여라.

상가는 하이 리턴, 하이 리스크

"지나고 보니 자식 다 필요 없습니다. 대학 졸업 시켰으면 더 이상 뒷바라지 말고, 나 자신의 노후에만 신경 써야 합니다. 100세 시대에 늙고 병들면 돈이 필요한데, 자식에게 올인하고 나면 늙어서 자식에게 외면밖에 당하지 않습니다."

최근에 상담했던 노부부가 하소연하듯 말한 내용이다. 노부부의 자식 둘은 박사학위까지 받고 결혼해서 외국에 살고 있다고 했다. 자식하고 손녀들 본 지가 몇 년이 지났는지 모른다면서 눈물을 글썽이셨다. 지금은 살고 있는 30평대 아파트 한 채가 전부였다. 현재는 생활비가 부족해 아파트 담보대출을 받아 생활을 하고 있었다. 이 부부의 이야기가 곧 다가올 우리들의 이야기이다.

인구정책의 변화를 보여주는 계몽적 카피는 시대마다 다르다. 1960년대는 '적게 낳아 잘 기르자'였다면 1970년대는 '딸 아들 구별 말고 둘만 낳아 잘 기르자'였고 1980년대는 '잘 키운 딸 열 아들 안 부럽다'였다. 지금의 저금리와 저성장에 맞춰 카피를 만들어 보자면 '잘 지은 상가주택 열 아들 안 부럽다'일 것이다. 부동산을 많이 보유한 사람들은 흔히들 이렇게 말하곤 한다. '부동산 등기서류들이 내 자식과 같아' 나름 발품 팔며 정보 수집하고 고심 끝에 투자했기 때문에 더욱 부동산 등기서류 하나하나가 자식 같고 소중해서 나온 말로 함축된다. 정말 그렇다. 입지가 좋고 임대수입이 잘 나오는 상가주택이라면 효자, 효녀가 부럽지 않다.

| 경기를 많이 타는 '상가' |

상가주택이 정식 용어는 아니다. 택지개발지구 등에서 '이주자택지'로 불리며 건축을 하게 되면 '다가구주택'과 '근린생활시설'이 하나의 건물로 된 형태를 '상가주택'이라 일컫는다. 정확한 용어로는 점포겸용주택이다. 흔히들 주택으로만 구성된 3층 다가구주택보다 1층에 상가가 있고 2~4층에 주택으로 구성된 상가주택을 더 선호하는 편이다. 물론 1층 상가에서 임대료가 충분히 받쳐주는 임차인이 있다면 더욱 선호하는 건물이 된다. 상가주택은 '주거'와 '임대소득'을 동시에 만족할 수 있는 매력적인 수익형부동산 중 하나이다. 갈수록 상가주택

이 수익형부동산 시장의 커다란 축으로 성장하고 있다. 하지만 상가 주택의 가치는 상가의 입주 업종 등에 영향을 많이 받기 때문에 위치가 무엇보다 중요하다. 상가주택이 준공 나고도 1년 넘게 공실로 비워져 있는 건물들도 의외로 많다.

입지가 좋은 곳은 상가 공실 없이 임대료 걱정을 하지 않겠지만, 이면도로 안쪽 위치가 좋지 않은 곳은 상당히 오랜 기간 공실 상태로 있는 건물들도 많다. 이러한 이유로 근린생활시설이 있는 상가주택을 선호하기보다 주택으로만 구성된 다가구주택도 때론 나쁘지 않다. 주택은 지금처럼 경기가 좋지 않을 때 필요재로서 의식주에 포함된다. 전세로 임대했다면 전세보증금을 몇백만 원 내려도 공실 없이 임대가 나가고, 월세라면 단돈 5만 원만 내려도 임대는 쉽게 맞춰진다. 하지만 상가(근린생활시설)는 경기가 좋지 않을 때 적지 않은 인테리어 비용과 운영 유지의 어려움으로 쉽게 상가 임차인을 찾기 어려울 수 있다.

일반 직장인의 로망은 내 건물의 주인 세대에 살면서 1층 상가와 나머지 세대에서 매달 안정적으로 월세를 받는 것이다. 그래서 최근 상가주택(점포겸용주택)의 인기는 식을 줄 모른다. 저금리가 장기간 지속되면서 돈만 있으면 거주와 임대수입을 동시에 만족할 수 있는 상가주택 시장으로 눈을 돌리는 것이다. '상가주택 하나 있으면 노후 걱정은 없다'는 말이 그냥 나오는 게 아니다. 이런 생각이 많아지면서 배후에 기반이 잘 갖춰지고 입지가 좋은 상가주택지(이주자택지)의 경쟁률은 수도권을 넘어 지방에서까지 높은 경쟁률을 보이고 있다.

상가주택은 구도심뿐만 아니라 신도시와 택지지구에서도 쉽게 볼 수 있다. 보통 먹자골목을 중심으로 상권을 형성한다. 근린 상가에 비해 주차가 용이하고 상가 이용이 수월하기 때문이다. 서울의 이면도로 안쪽으로 수많은 상가주택이 자리 잡고 있다. 경기의 영향으로 임대료 수준은 그다지 높지 않지만 꾸준한 지가상승과 함께 상가주택 자체의 몸값은 계속 올라가고 있고 수익률은 저조한 편이다.

신도시나 택지지구의 상가주택 용지 청약 경쟁률은 수천 대 일을 보이고 있다. 상가주택의 인기는 수도권인 성남 판교, 화성 동탄, 파주 운정, 김포 한강 등에서도 인기가 높으며 최고점은 판교신도시다. 판교는 거의 모든 필지가 건축이 완료된 상태이며 지난 10년간 매매가격은 2배 가까이 올랐다. 비단 판교만의 이야기는 아니다. 타 지역도 물가상승률 이상으로 지가가 상승하면서 매매가를 끌어올렸다.

'소문난 잔치에 먹을 것 없다'는 속담처럼 수익률만 놓고 본다면 토지의 수억 원의 높은 프리미엄이 붙어 연수익률은 3%대를 넘지 못하고 있다. 상가주택 입지 자체가 역세권이 아니고 아파트 맞은편이나 상업지구와 마주하고 있어서 임대할 수 있는 업종에도 한계가 있다. 그래서 임대료 또한 제한적이다. 수익률이 만족스러운 수준은 아니지만 3층이나 4층 주인 세대에 직접 거주하면서 시중 은행 예금금리보다 높은, 안정적인 수입이라는 것에 만족스러워하며 직접 거주하는 분들도 많다.

1층에서 발생하는 수익이 절반

공실률이나 임대 시세는 신도시마다 별반 차이는 없다. 신도시마다 허용 가구수에 따라 수익률은 달라진다. 평택 고덕신도시의 경우 5가구, 4층까지 건축이 가능하지만 화성 동탄신도시의 경우 3가구, 3층까지만 가능하다. 여기서 중요한 것은 투자금액인데 판교의 경우 매매가 높기 때문에 투자금은 15억 원 이상 필요하며 강남과 가까운 위례신도시도 토지 가격이 만만치 않다. 3~4억 원의 프리미엄이 붙어 있어 수익률이 낮을 수밖에 없다. 동탄이나 영종신도시의 경우 10억 원 미만으로도 투자가 가능하다. 수익률은 4% 이상을 기대할 수 있다. 내가 추천하는 지역은 누구나 말하면 쉽게 알 수 있는 지역이 아닌 수도권에서 일자리가 풍부한 지역이다. 이런 지역은 1억 내외(3층 다가구주택)로 충분히 수익률 10% 가까이 나온다. 같은 3~4억 원으로 투자를 하더라도 수익률은 물론이고 임대수익에서 큰 차이가 난다.

상가주택의 주 임대수익은 1층 상가로 총 임대수익의 50~60%를 차지한다. 1층 상가에서 확정적인 임대료가 나올수록 건물의 가치는 올라간다. 누구나 아는 판교, 위례, 동탄 등 신도시만을 고집할 필요는 없다. 수도권에 개발이 시작되는 택지지구를 눈여겨볼 필요가 있다. 초기에는 택지지구 내 상가주택의 공급이 많지 않다 보니 물량이 부족할 수밖에 없는데, 이때 순차적인 블록 형성과정에서 먼저 건축해 선점한 상가주택이 독점적인 혜택을 누릴 가능성이 크다. 투자금액은 3~5억 원으로 수익률 8~9%가 예상된다. 더 중요한 것은 택지지구가 도시의 모습을 보이는 5년이 지나면 상가주택 매매가격도 2~3억 원 이상이 오를 수 있다는 점이다. 상가주택이 수익형부동산으로 인기가 많은 건 사실이지만, 사람들의 관심 밖에 있는 지역에서 투자금액을 줄이고 높은 수익률이 나올 수 있는 게 있다면 적극적으로 검토하고 매입해야 한다. 그런 면에서 판교와 위례보다 화성, 세종시 등 인구 급상승 지역을 주목할 필요가 있다.

마지막으로 은퇴를 앞둔 분들에게 아들딸보다 상가주택이 좋은 이유를 정리하자면 다음과 같다.

- 첫째, 적은 투자금액으로도 충분히 매입이 가능하다. 전세보증금 비율을 높일수록 투자금액은 훨씬 줄어든다.
- 둘째, 현재 여유가 없더라도 퇴직금이나 적금 등 목돈이 들어오게 되면 한 가구씩 월세로 전환해서 임대수익을 올릴 수 있다.
- 셋째, 다른 부동산과 달리 안정적이며 은행금리 이상으로 임대수익과 매매차익을 노릴 수 있다.

임대사업자가 알아야 할
세금 지식

    10대 미성년자 임대사업자 중 상위 30위가 보유한 임대주택이 174채에 달한다. 미성년자는 물론이고 사회초년생이 수백 채의 임대주택을 보유하고 있는 것은 부의 대물림이 아니고서는 믿기 힘들다. 청소년들의 꿈도 건물주인 현실에서 은퇴 후에 좀 더 안정적으로 생활하고 싶은 은퇴 예정자들에게 임대사업자는 단순한 꿈이 아니라 절실한 바람이다. 이제 우리나라는 저금리와 저성장으로 장기불황에 접어들었다. 직접 땀 흘려 받는 근로소득 이외에 현금흐름을 만들고 싶다는 이유로 임대사업이라는 문구에 자꾸 눈길이 갈 수밖에 없다.

    그렇기 때문에 현금흐름이 발생하는 부동산의 가치는 더욱 높아지고 있다. 그래서 너도나도 '수익형부동산'을 외치는 것이다. 매달 임대수익이 들어오고 시간이 지나면서 스스로 가치가 높아지며 담보 기능도 갖고 있으니 이만한 게 없다. 더불어 부동산의 부채인 대출마저 스스로 상환할 수도 있으니 일석삼조라고 할 수 있다. 임차인의 전세보증금으로 투자금액을 줄이고 대출이자는 월세로 대신한다.

임대사업자도 1가구 1주택이 가능하다

현 정부가 출범하면서 부동산을 규제하는 각종 강력한 부동산 대책이 쏟아져 나왔다. 그중 규제가 가장 큰 것은 단연 '다주택자에 대한 세금 중과'이다. 다주택자들을 투기자로 보기 때문이다. 본인이 거주하는 주택 외에는 임대사업자로 등록하라고 권고한다. 그렇지 않으면 양도소득세를 중과세해서 세금을 많이 걷어 더 나은 복지정책을 실현하겠다는 목표다. 이제는 평범한 아파트로 부를 축적하는 것은 어려운 실정이다. 다름 아닌 다주택자 양도세 중과세 제도가 도입되었기 때문이다. 아파트 가격이 많이 오른 지역은 대부분 '조정 대상 지역'으로 포함되어 강력한 규제를 받고 있다. 조정 대상 지역 내에서 2주택자는 기본 세율 외에 20%P, 3주택자 이상은 30%P의 가산세를 부과하고 장기보유 특별공제 적용도 없다. 또한 1가구 1주택 양도소득세 비과세 요건도 2년 거주요건으로 강화되었다.

그렇다면 대안이 정말 없는 걸까? 현 정부 취지에 역행하지 않으면서 세금 혜택도 받을 수 있는 부동산은 뭐가 있을까? 바로 이 책의 제목처럼 되도록 은퇴 전에 꾸준히 임대수익이 나오는 부동산을 매입해서 임대사업자가 되는 것이다. 다가구주택은 단독주택에 속한다. 정부에서 말하는 다주택자에 해당되지 않는다. 그래서 세금 폭탄 규제도 피할 수 있는 것이다. 하지만 다주택자가 누리는 것을 똑같이 누릴 수 있다는 장점이 있다. 어쩌면 지금처럼 세금에 대한 규제가 강력한 시기에 똘똘한 다가구주택 한 채에 임대사업을 등록하는 것이 최선의 길일지도 모른다.

자신이 보유한 아파트 여러 채를 임대사업으로 등록하는 방법도 있지만, 모두 정리해서 좋은 위치에 다가구 한 채를 매입 또는 신축하는 방법을 추천한다. 아파트 한 채를 매입할 가격으로 다가구주택을 매입(건축)하게 되면 1가주 1주택으로 1주택자이지만, 얼마든지 여러 가구를 임대할 수 있기 때문이다. 보유하는 부동산이 많아지면 여러 가지 세금에서 자유로울 수 없다. 기본적으로 매입 시 취득세가 발생하고 보유하는 동안 재산세와 종합소득세 등이 발생하기 때문이다. 이후 매도하게 되면 양도소득세도 내야 한다. 부동산은 세금에서 시작해서 세금으로 끝난다는 말이 있다. 매매차익도 좋지만 세금으로 나가는 돈이 많다면 돈은 쌓이지 않고 세금만 내다가 끝나게 된다. 앞에서 남고 뒤에서 밑지는 것과 같다.

단기간에 사고팔면서 매매차익을 보는 것으로 부를 쌓은 사람은 그동안 보지 못했다. 반대로 몇 개 매입한 부동산을 장기간 보유하면서 가격이 올라 부를 축적한 사람은 많이 보았다. 바로 세금이라는 부분이 적지 않은 비중을 차지하기 때문이다. 하지만 너무 낙담할 필요는 없다. 바로 주택임대사업자 제도에 답이 있다. 주택임대사업자 제도란 정부가 국민들에게 주거 안정을 위해 충분한 임대주택을 공급해야 하지만 여건상 그럴 수 없어 개인이 주택임대사업자로 등록해서 정부 대신 주택을 공급해 주는 조건으로 세금 혜택을 제공하는 제도이다.

장기 투자할수록 절세가 된다

주택임대사업자는 매입임대사업자(4년 단기임대사업자)와 준공공임대사업자(8년 장기임대사업자)로 나뉘게 된다. 두 임대사업자 모두 해당 기간을 보유한 후에 매도할 때 양도소득세를 많이 감면받을 수 있다. 매입임대사업자의 경우 부동산을 4년간 보유해야 하는 의무는 그대로인데, 양도세 혜택은 임대사업을 내지 않은 사람과 별반 차이가 없으며 혜택마저 줄어들었다. 특히 준공공임대사업자는 10년간 임대하면 양도소득세 부문에서 장기보유 특별공제까지 받을 수 있다. 이처럼 장기간 보유할 생각이면 '준공공임대사업자'로 등록하는 것이 좋다. 하지만 혜택이 있으면 그에 따른 의무도 있기 마련이다. 임대사업자는 해당 임대 기간 동안 매매를 못한다. 또한 준공공임대사업자는 임대보증금, 즉 전세보증금을 매년 5% 이상 올릴 수 없는 단점이 있다. 하지만 이것도 엄청난 단점이라고는 볼 수 없다. 전세로 임대를 했다면 영향을 받을 수 있지만 월세로 임대를 했다면 2년에 5%씩 임대료를 올릴 수 있는 지역은 흔치 않기 때문이다.

나도 거주하는 주택 외에는 전부 임대사업자로 등록했지만, 경험상 월세를 5% 이상씩 올리는 건 쉽지 않다. 주변에 신축건물이 들어서고 지금 같은 불경기에는 현재 월세를 유지하는 것도 감사하게 생각해야 한다. 양도소득세 감면과 10년에 가까운 의무 기간이 있으니 자연스럽게 보유하는 동안 지가상승의 효과를 고스란히 누리며 단기차익이 아닌 물가상승률 이상으로 가치는 올라가게 된다. 단 장기간 보유하면서 해당 부동산을 유지할 수 있는 임대소득 정도는 나와야 하겠다.

임대사업을 한번 등록하게 되면 소유한 부동산을 팔기는 어려워진다. 최근 임대사업 등록을 취소하게 되면 그에 따른 벌칙성 성격의 과태료도 1,000만 원에서 3,000만 원으로 대폭 올랐다. 쉽게 말해서 임대사업을 취소하지 말라는 것이다. 아무튼 임대사업 등록으로 인해 자연스럽게 장기 보유하게 되고 종합부동산세에서 제외되는 혜택은 분명히 있다. 또한 임대사업에 등록한 주택은 소유한 주택 수에서 제외되고 합법적인 임대사업이므로 정부가 부동산시장을 교란시키는 투기자로 보는 대상에서 제외될 수 있다는 장점도 있다.

임대사업 등록 방법

그렇다면 임대사업 등록 방법에 대해 알아보자. 임대사업을 하고 싶은데 어떻게 해야 하는지 잘 몰라서 머뭇거리거나 막상 임대사업을 하려고 하니 두려움에 망설이는 이들도 많다. 하지만 생각보다 그 절차는 쉽고 간단하다. 임대사업자 등록은 소유자 거주지 관할 시 구청에 신고하는 것과 세무서에 신고하는 것 두 종류로 구분된다. 발급 대상은 단독주택(다가구주택), 다세대주택, 아파트, 주거용 오피스텔 등이다. 주택임대사업자 등록은 거주지 시, 군, 구청 주택과에 취득일(잔금납부일)로부터 60일 이내 신청해야 한다. 일주일 정도 지나면 나오는 주택임대사업자 등록증을 갖고 거주지 세무서 민원봉사과에 가서 사업자 신고 및 등록을 하면 된다. 또한 임대차 계약 시 '표준임대차계약서'를 작성해서 물건지 시, 군, 구청 주택과에 임대계약 체결 후 3개월 내 신고해야 한다.

　이후부터는 추가로 부동산을 매입한 이후 시청이나 구청 주택과에 주택임대사업자 추가 등록 및 거주지 관할 세무서에 추가 신고하는 것을 반복하면 된다. 임대사업 등록 절차를 알았다면 실천하는 것만 남았다. 막상 임대사업자가 되면 세금 등의 부담과 관리가 어렵지 않느냐고 반문할지 모른다. 하지만 세금 문제는 세무사에게 전적으로 위임하면 되는 일이기에 두려워할 게 없다. 보유세인 재산세도 생각처럼 많지는 않아 부담이 적다. 다만 보유하는 부동산이 늘어날수록 건강보험료가 올라가는 건 사실이다.

　서두에서 말했던 것처럼 미성년자가 수십 채의 임대주택을 보유했다는 기사를 보면 일반 직장인들은 허탈함과 동시에 아예 부동산에 관심을 두지 않게 된다. 하지만 분명 적은 돈으로도 얼마든지 다가구주택을 매입해서 임대사업자가 될 수 있다. 여러 채의 집을 보유하면서 다주택으로 갈 바에는 시세차익을 노리는 투기가 아닌 장기적인 임대사업자가 되길 바란다.

4장

돈 벌 타이밍은
준비된 사람에게만
보인다

건축 시장이 있는 곳에 투자 기회가 있다

  토지를 살 때 결정해야 하는 것이 한 가지 있다. 건축 가능 여부이다. 사람들이 토지를 사는 건, 토지 위에 건물을 올리거나 토지를 활용할 목적이 있기 때문이다. 지방의 토지는 가격이 저렴하지만 서울의 토지 가격은 지방과 비교가 안 될 정도로 높다. 왜 그럴까? 공급과 수요의 법칙에 따라 토지를 사고 싶어 하는 사람은 많은데 파는 사람은 없기 때문에 가격이 높을 수밖에 없는 것이다. 특히 활용도가 높은 단독주택부지는 매물을 구경하기도 힘들 정도다. 반면 지방의 토지는 건축이 안 되는 토지가 있고, 건폐율과 용적률이 대체로 낮아 매수자가 적기 때문에 가격도 저렴하다. 우리는 당연히 비도시지역이 아닌 도시지역에 집중해야 한다.

토지는 도시지역, 관리지역, 농림지역, 자연환경보전지역의 네 가지 용도지역으로 나뉜다. 비도시지역인 농림지역과 자연환경보전지역은 자연환경과 농업을 보호 및 장려하기 위한 지역으로 건축에 제한이 많다. 일반적으로 개발이 쉽고 많이 선호하는 토지는 관리지역이다. 물론 주택을 건축할 수 있지만 건폐율과 용적률이 도시지역인 주거지역에 비해 낮기 때문에 가격도 낮은 편이다. 도시지역 중 건축이 가장 활발한 지역은 어디일까? 바로 주거지역이다. 공동주택이든 단독주택이든 많은 사람이 선호하고 모여 살기 때문이다. 지방 농림지역의 수천 평 토지보다 도시지역에 활용도가 높은 토지 몇백 평을 확보하는 것이 좀 더 빠르게 부를 축적할 수 있는 기회를 갖는 길이다.

관리지역은 건축할 때 개발행위 허가를 받아야 한다. 건축법상의 도로를 접해야 하고 배수로도 따져야 하며 전기를 끌어올 수 있는지를 하나하나 체크해야 한다. 하지만 도시지역 내 택지지구는 건축을 용이하게 할 수 있도록 하수시설과 전력 등이 하나로 연결되어 있다. 건축하는 데 있어 비도시지역에 비해 훨씬 수월하다. 구도심의 경우는 구옥을 철거하고 신축할 때 민원이 많이 제기된다. 더불어 소음과 먼지 등으로 주변에서 공사 기간을 지연시켜 공기가 자연스럽게 길어진다.

그렇다면 주거지역 중에서 어디가 가장 건축이 활발하고 동시다발적으로 이루어질까? 바로 새로 생기는 신도시 및 택지지구다. 도시가 형성되면서 공동주택부지, 단독주택부지, 상업용지, 학교용지가 동시에 순차적으로 건축이 이루어진다. 여러 부지 중 개인이 접근 가능한 부지가 바로 단독주택부지이다. 대부분의 사람이 아파트를 주 투자처로 알고 있기 때문에 분양받는 것과 분양권에 관심이 가지만, 다가구주택(상가주택)을 지을 수 있는 단독주택부지는 더욱 활발하게 거래가 이루어지며 프리미엄도 아파트 못지않게 붙게 된다. 주변에 일자리가 많아 공실이 나지 않는 지역은 건축 시장이 살아있다고 볼 수 있다. 바꾸어 말하자면 건축 시장이 살아있는 곳에는 투자의 기회 또한 많다는 것이다.

수익형부동산도 우선 토지부터 시작한다. 토지를 분양받거나 웃돈을 주고 토지를 매입하는 방법이 있다. 견적을 받아 저렴하고 믿을 만한 건축업자에게 도급을 주고 건축을 진행하는 게 일반적이다. 하지만 이와 같은 방법은 초기 투자금이 적지 않게 들어간다. 우선 토지 매입 비용부터 건축 진행 시 1~3차례 나누어 처리해 줘야 하는 도급 비용까지 있어 결코 만만치 않다. 수중에 5~7억 원은 있어야 진행이 가능하다. 일반 직장인에게 있어 4층 상가주택은 그저 먼 나라 얘기로만 들리게 된다. 이러한 이유로 문턱이 높아도 안전하게 매달 임대수익이 발생하는 꼬마빌딩에 열을 올리는 것이다.

하지만 아직 낙담할 필요는 없다. 유심히 살펴보아야 하는 것은 다가구주택의 임대수요가 많은 지역의 경우 건축 조건이 놀라울 정도로 좋다는 것이다. 건축비 대부분을 전세보증금으로 회수해 가는 조건이기 때문이다. 쉽게 말하자면 건물 건축이 완공되고 준공이 떨어진 후 임차인을 맞추는 과정에서 전세로 들어오는 임차인의 전세보증금을 건축비로 회수해 가는 것이다. 투자자로서는 전혀 걱정하지 않아도 된다. 설령 1~2세대가 늦게 임대가 맞춰진다 해도 투자자(건축주)가 아닌 건축업자가 걱정해야 할 몫이다.

1억으로 9억 건물을 얻을 수 있다

실제로 다가구 주택의 임대수요가 풍부한 지역에서는 건축공사 비용은 물론 토지 가격의 일부까지 임차인의 보증금으로 대신하는 경우가 있다. 8~9억 원 하는 건물도 1억 원 내외로 투자가 가능하다는 것이다. 이해가 되는가? 납득이 안 갈 수 있지만, 실제로 이런 사례는 내 주변에 비일비재하다. 즉 건축업자가 사둔 토지를 투자자에게 명의 이전하면서 건축까지 해주는 조건으로 진행된다. 토지 비용의 절반 정도만 받고도 나머지 절반의 토지 비용과 전체 건축비를 임차인 보증금으로 대신하는 식의 계약이 이루어진다. 공실이 없고 전세로 임대가 잘 맞춰지는 지역은 건축업자들끼리 경쟁이 붙기도 한다. 예를 들어 토지 가격이 3억 원이고 토지담보대출이 2억 1,000만 원이면

돈 벌 타이밍은 준비된 사람에게만 보인다

9,000만 원으로 건물을 지을 수 있고, 토지 가격이 4억 원이고 토지담보대출이 2억 8,000만 원이면 1억 2,000만 원 정도로도 건물을 지어주는 조건으로 살 수 있다.

이렇게 소액으로도 건축이 가능하고 건물주가 될 수 있기 때문에 이 시스템을 경험한 분들은 건물이 한 채에서 두 채로, 두 채에서 세 채로 늘어나게 된다. 이렇듯 투자자인 건축주 입장에서는 최소한의 현금으로 부담 없이 수익형부동산인 꼬마빌딩을 여러 채 소유할 수 있게 되는 것이다. 다만 이러한 방법의 매매가 진행되기 위해서는 몇 가지 조건이 따른다.

우선 해당 지역에 임대수요가 많아 공실이 없고 건물이 준공 나기 전에 절반이 넘는 임차인이 맞춰져야 한다. 늦어도 준공 후 한 달 안에 전 세대가 임대가 맞춰지는 경우다. 두 번째는 건축업자의 자금 여력이다. 건축업자는 건물 한두 동만 짓는 것이 아니기 때문에 건물 한 동에 건축비로 회수해야 할 돈 몇억 원이 묶이면 여러 동에서 적지 않은 자금이 묶이게 된다. 그래서 자금력이 받쳐주는 건축업자에 한한다. 앞에서 얘기한 조건들이 맞춰진다면 건축주인 투자자에게나 건축업자 모두에게 유리한 조건으로 진행된다. 투자자(건축주)는 시세보다 저렴하게 구입하고 소액으로 시작할 수 있으며 건축 초기에 참여해서 건물 내부와 외부에 자신의 스타일(콘셉트)을 적용할 수 있다. 건축업자는 건물이 완공하기 전에 건축주 명의 변경을 통해서 건물에 대한 취등록세와 양도세를 줄일 수 있다. 건축업자 입장에서는 적은 마진을 보더라도 돈이 계속 순환되기 때문에 이익이다.

이런 지역은 다가구주택 여러 동이 동시에 완공되더라도 임대에 있어 전혀 걱정하지 않아도 될 지역이기에 도시가 형성되는 시간이 타 지역보다 빠르다. 단독주택부지가 어느 정도 인프라를 갖추는 데는 5년 정도 걸리는데, 위에서 설명한 지역의 경우 1~2년 만에 빈 땅을 찾기 힘들 정도로 동시에 건축이 이루어진다.

불황에는 더욱 주목받는 부동산

지금처럼 경기가 불황일수록 많은 사람이 근로소득 외에 추가로 얻기 위한 임대수입에 관심이 많다. 현재 다니고 있는 직장 또한 언제까지 다닐 수 있을지 모르는 막연한 불안감이 있기 마련이다. 누군가는 평생 꿈만 꾸고, 또 다른 누군가는 직접 알아보고 현장을 돌며 기회를 잡는다. 어느 지역의 택지지구나 건물이 지어지고 있는 현장을 둘러보면 건축업자의 연락처를 쉽게 찾을 수 있다. 또는 공사하시는 분들을 통해 건축소장의 연락처를 알아내는 것도 어렵지 않다. 택지개발지구를 다니면서 건축사사무소를 찾아 들어가서 직접 만날 수도 있다. 앞에서 설명했던 것과 비슷한 방법으로 건축업자가 소유한 토지를 건축하는 조건의 판로를 찾고 있는 건축업자가 분명 있을 것이다.

건축 시장은 경기의 영향을 직접적으로 받는다. 주체가 대형 건설사인 분양아파트와 달리 택지지구에서의 시장은 직영공사가 되었든 도급을 주었든 상관없이, 개인이 임대수요가 풍부한 지역의 택지지구를 선택해서 진행할 수 있다. 수익률이 높고 매입(신축) 즉시 시세차익이 보장되는 수익형부동산을 소유하는 데 결코 많은 돈이 필요한 게 아니다. 누구나 마음만 먹으면 이루어 낼 수 있고 건물주가 될 수 있다. 투자의 기회는 신규 택지지구 내 건축이 시작되는 곳에 분명있다.

당신이 건물주가 되지 못하는
가장 큰 이유

부동산을 업으로 일선에서 일하다 보면 다양한 부동산 물건을 접하게 된다. 개인의 사정으로 인해 급매로 나오는 물건부터 취득세만 있으면 건물을 소유할 수 있는 물건까지 다양하다. 최근에 급매로 매도인에게 의뢰받은 물건 중에 투자금액이 들지 않고 오히려 매도자로부터 몇천만 원을 받고 건물을 매입하는 물건도 있었다. 이런 물건은 전세보증금의 비율이 높아 전세보증금과 대출을 합한 금액이 팔려고 내놓은 금액보다 높은 경우 매도인이 그 차액만큼 돌려주면서 매도하는 경우다. 물론 흔치 않은 경우이지만 소액으로 시작하려고 하는 분들에게는 분명 기회가 될 수 있다. 또는 소액으로 건물을 지은 후 대출을 받고 임대를 놓았더니 실투자액이 제로가 되거나 오히려 몇천만 원이 남는 경우도 있다.

이처럼 일반인들이 생각지 못한 사례들은 다양하다. 지방으로 갈수록 수익률 또한 상상 이상으로 높은 물건도 간혹 있다. 지방만 해당되는 것은 아니다. 내 컨설팅으로 건물을 소유하게 된 고객 한 분을 소개하겠다. 그분은 건축업자가 소유한 토지를 건축하는 조건으로 신축하였다(토지와 건축비 포함해서 매매가격 8억 6,000만 원 정도 예상). 실제로 투입된 투자금액은 원룸 전세보증금 수준인 5,000만 원 밖에 되지 않았는데, 2개월 안에 임대를 맞추는 과정에서 본인의 투자금액인 5,000만 원마저 100% 회수되고 추가로 8,000만 원이 남았다. 임대수요가 풍부하고 공실이 없는 지역에서 건축업자가 짓고 있는 건물을 구입한 사례인데, 대지는 75평이고 가구는 다음과 같이 구성되었다.

3층 주인 세대 쓰리룸 전세 1억 5,000만 원, 1.5룸 보증금 500만 원에 월세 50만 원
2층 1.5룸 4개 전세 6,000만 원(총 2억 4,000만 원)
1층 1.5룸 3개 전세 6,000만 원(총 1억 8,000만 원), 1.5룸 보증금 500만 원에
월세 50만 원
총 전세보증금 5억 8,000만 원 + 건물 및 토지 담보대출 3억 6,000만 원 = 9억
4,000만 원

이 건물은 수익률을 계산할 수가 없다. 지인은 회수한 8,000만 원으로 같은 건축업자에게 또 하나의 신축건물을 계약한다고 했다. 5,000만 원 투자하여 8,000만 원의 현금이 생기고 월세 126만 원은 대출이자

115만 원을 내고도 11만원이 남는다. 이처럼 몇 번 반복해서 매입한다면 현금흐름이 발생하면서 얼마든지 수익을 늘릴 수 있게 된다. 놀라운 것처럼 보이지만 실제로 최근 몇 년 동안 이런 시스템으로 지어진 건물들이 적지 않다. 토지는 해마다 물가상승률 이상으로 오르기 때문에 건물 가격에 반영되며 시간이 지나 돌이켜 보면 건물 가격은 항상 나중에 오르기 마련이다. 10년 전 경기도 남부지역에 2억 원에서 3억 원 정도였던 건물들은 현재 10억 원이 넘어섰다. 최근 건축법이 바뀌면서 건축비가 상당히 오른 것도 한몫한다.

구더기 무서워 장 못 담그듯이

그렇다면 이렇게 높은 수익률이나 적은 금액으로도 건물을 매입할 수 있는 기회가 있는데 왜 사람들은 시도하지 못하는 것일까? 수익률도 낮고 향후 재건축 기대도 없는 오피스텔 분양과 언제 임차가 맞춰질지 모르는 분양상가는 과열되는 반면, 부동산의 근원인 땅을 100% 온전히 소유한 건물은 여전히 진입장벽이 높다고 느껴질 뿐이다. 그래서 건물주라고 하면 통상 50대 후반은 되어야 가능하다고 스스로 선입견과 편견을 만들어 버린다. 젊은 사람은 건물주가 되어 좋은 차를 몰 수 없고, 흰머리가 희끗희끗 보이며 은퇴할 정도의 나이가 되어야 건물을 소유할 수 있다는 발상부터 바꿔야 한다.

다가구주택에 대한 편견과 두려움이야말로 건물주가 되어 경제적 자유를 누리는 것에 있어 걸림돌이 될 수밖에 없다. 하지만 관점을 바꾸고 두려움을 해소할 방법만 안다면 누구나 시도해 볼 수 있다. 주변 지인들에게 다가구주택을 추천하면 일단 매매가격만 듣고 겁을 먹고 엄두를 못 낸다. 아파트 매매가격 정도인 5~10억 원을 생각했다가 10억 원이 훨씬 넘는 금액의 다가구주택을 보면 부담이 될 수밖에 없다. 하지만 매매가격만 보지 말고 여러 가구를 전세로 놓아 이자 없는 임차인의 자본인 전세보증금과 토지와 건물에서 나오는 대출을 최대한 이용할 수 있다는 점을 봐야 한다. 또한 적은 금액으로 대지 70~80평 위의 내 건물을 가질 수 있다는 것은 아주 매력적인 투자수단이라는 것을 알아야 한다.

리스크, 대비할 수 있다

아마도 다가구주택에 투자를 한 번이라도 생각했다면 여러 가지 두려움과 고민이 생기기 마련이다. 매입(신축)한 건물의 공실의 두려움, 많은 대출금액과 그에 따른 금리상승의 두려움, 건물 감가상각으로 노후화에 대한 두려움, 건물과 임차인 관리의 어려움 등등 다양하다. 하지만 이 두려움과 고민은 사실 별게 아니다.

첫째, 공실에 대한 두려움이다. 최근 1~2인 가구의 증가 추세에 맞춰 도시형 생활주택 등 소형주택의 공급이 많이 된 것은 사실이지만, 여기서 중요한 것은 공급보다 임대수요가 많을 지역을 택하는 것이다. 단 대규모 원룸단지가 들어오는 지역은 피해야 한다. 지방의 대학교 앞 원룸건물이라든지 한 기업만을 바라보고 임대하는 지역은 향후 공실의 우려가 높다. 충분히 사전에 파악함으로써 공급보다 수요가 많은지의 여부를 판단하면 공실에 대한 두려움은 사라지게 된다. 단지수가 작은 나홀로아파트 매매가격 상승이 제한적이듯이 택지지구나 택지지구 인근이 아닌 원룸단지 인근은 취약하다.

둘째, 대출금액과 이자에 대한 두려움이다. 대출금액이 크면 부담스러운 건 사실이다. 하지만 내가 직접 이자를 내지 않고 임차인에게 대신 월세를 받아 이자를 낸다면 전혀 걱정할 게 없다. 이자를 월세로 대신하기 때문이다. 시간이 갈수록 화폐가치는 떨어지고 전세보증금과 월세는 인플레이션의 영향으로 건물주인 임대인의 편이다. 간혹 임대인 중에 대출을 상환하는 분들이 있다. 대출은 향후 매수할 때도 대출금액이 줄어들수록 부담이 커진다. 그래서 대출은 이자만 평생 내는 것이 훨씬 이득이다. 대출과 대출이자로 인해 수익률이 높은 좋은 기회를 놓치는 실수를 하지 않았으면 좋겠다. 동일한 매매가격이라도 대출금액을 상환한 만큼 투자자는 투자금액이 늘기 마련이다. 나중에 건물을 매매할 때 매수자 입장에서 생각해 보면 이해가 쉽다.

셋째, 건물 감가상각으로 인한 노후화에 따른 두려움이다. 토지를 제외한 모든 것은 감가상각이 될 수밖에 없다. 하지만 시간이 흐를수록 가치가 올라가는 토지를 확보한 다가구주택은 집합건물인 아파트와 다르게 쉽게 개인이 재건축할 수 있어 건물의 감가상각에 있어 훨씬 자유롭다. 서울 구도심의 오래된 구옥을 보자. 25년이 훨씬 지난 건물은 대부분 건물 가격을 제대로 받지 못한다. 하지만 땅값은 웬만한 아파트 가격 이상이다. 그때 가서 건물을 허물고 새로 신축해도 수익률은 나오기 마련이다.

넷째, 건물과 임차인 관리의 어려움이다. 현재 수십 가구를 임대하고 있는 경험자로서 말씀드리자면, 수익 대비 할애되는 시간은 비교도 안 될 정도로 적다. 근로소득이 아닌 임대소득으로 이렇게 안정되고 고정적으로 들어오는 현금을 확보하는 데 있어 이만한 수고도 없이 어떤 일을 할 수 있을까? 건물주가 임차인에게 받는 관리비의 용도는 대략 이런 용도로 사용된다. 세대에서 사용하는 수도세와 공동 전기료이다. 여기서 공동 전기료는 계단에 설치된 센서 등과 자동문에 해당하는데 한 달에 1만 원 전후다. 건물 청소는 업체가 따로 있으며 5~6만 원이면 계단 청소와 분리수거함에 쌓인 쓰레기를 회수해 간다. 건물주가 하는 것은 매달 월세와 관리비가 납부되지 않은 세대가 있는지 확인하는 거밖에 없다.

직접 경험하지 않은 것은 두렵다. 때로는 경험하지 못한 것들이, 때로는 알 수 없는 경제 상황이 두렵지만, 결국 경험한 사람만이 느끼고 얻을 수 있다는 것을 나는 안다. 바로 누구나 바라는 '건물주' 말이다.

구도심 상가주택 VS 신도시 상가주택

　서울 구도심의 경우 새로 개발된 신도시에 비해 오래된 건물과 비좁은 골목 그리고 전봇대에 여러 전선이 연결되어 있는 것이 연상된다. 이에 반해 신도시는 신축건물에 도로 또한 깔끔하게 정비되어 있어 모든 기반 시설이 잘 정리 정돈되어 있다. 물론 대중교통이나 생활 기반이 구축되는데 적지 않은 시간이 필요하다.

　은퇴를 앞두고 있는 직장인들에 가장 관심 있는 분야는 매달 수익이 발생하는 수익형부동산이다. 수익형부동산에는 분양상가, 오피스텔, 지식산업센터 등 종류가 다양하다. 그중에서 가장 안정적으로 수익이 생기는 상가주택에 특히 관심이 많다. 서울 구도심이나 1, 2기 신도시에 가보면 1층에는 상가가 있고 2~4층은 주택으로 구성된 건물을 쉽게 볼 수 있다. 신도시 상가주택은 지역마다 각 지자체의 조례가 달라 층수와 가구수가 다르게 적용된다. 1기 신도시(분당, 일산, 산본, 평촌, 중동)의 경우 대부분 3층으로 되어있고 가구수는 3~4가구로 제한되어 있다. 이에 반면 2기 신도시(김포, 파주, 판교, 광교, 고덕)는 4층까지 가능하고 가구수는 5가구 이하로 제한되어 있다. 소재지에 따라 도심에 상가주택과 신도시 택지개발지구 상가주택으로 구분할 수 있다.

서울 강북의 경우 제2종 일반주거지역 대지는 30~45평이 주를 이룬다. 신도시나 택지개발지구 내 점포겸용주택으로 불리는 이주자택지는 75~85평이 일반적이다. 건폐율 60%, 용적률 180%라고 가정했을 때 도심의 신축 원룸건물과 택지지구 내 상가주택의 매매가는 약 15억에서 18억 원 선으로 비슷하다. 임대료도 400~450만 원 선이다. 이 둘의 차이점은 무엇일까? 구도심의 경우 기존의 풍부한 생활 기반과 유동인구를 기반으로 안정적인 투자가 가능하다는 것이다. 이미 구축이 완료된 교통시설과 편의시설은 물론 활성화된 상권까지 준공 후 바로 누릴 수 있어 임대수요가 풍부하다. 신도시나 택지개발지구의 경우 정부나 지자체의 계획하에 조성되는 만큼 체계적으로 기반이 형성되는 데 일정 시간은 걸리지만, 향후 인구가 꾸준히 유입되어 생활 기반이 안정되면 해당 지역의 가치 상승폭이 크다.

그렇다면, 1기 신도시와 2기 신도시를 비교했을 때 어느 지역이 나을까? 1, 2기 신도시의 택지가격은 비슷하다. 1기 신도시는 2기 신도시에 비해 서울 진입이 훨씬 수월하고 기반도 더욱 잘 갖추어져 있다. 하지만 1기 신도시는 도시가 노후화되면서 2기 신도시만큼의 수익을 받쳐주지 못하는 실정이다. 가장 큰 차이는 허용 가구수와 층수의 차이다. 같은 대지에 3층 건물보다는 4층 건물의 수익률이 훨씬 높기 때문이다. 수익형부동산인 상가주택의 수익률은 용적률, 허용 가구수, 층수에 영향을 많이 받는다.

택지개발지구는 주로 LH주택공사가 진행하며 수자원 공사, 각 지역도시공사가 함께 진행하기도 한다. 신도시보다 규모가 작은 택지개발지구는 어떻게 형성되는지 자세히 알아보자. 택지지구를 조성하려면 개발 대상 지역을 먼저 선정하게 된다. 해당 지역에 토지를 가지고 있는 사람들도 있고, 토지 위에 건물을 지어 거주하고 있는 사람들도 있다. 택지개발예정지구로 지정되면 공고 후 해당 지역토지와 건물을 감정 평가해서 보상해 주고 이주시킨다. 수십 년을 한 곳에서 살아온 원주민을 수용하는 게 쉽지 않아 택지개발사업주체와 마찰도 적지 않다. 이 둘의 마찰을 최소화하기 위해 보상책으로 나온 것이 '이주자택지'다. 이렇게 원주민 보상이 끝나면 본격적인 공사가 시작된다. 택지개발사업은 기획부터 완공까지 보통 8~10년 정도가 소요된다. 예를 들어 2기 신도시인 판교신도시의 경우 2001년도에 사업을 시작해

2011년 말에 완공되었다.

이주자택지를 좀 더 자세히 설명하겠다. 절차를 거쳐 토지 및 건물 등의 수용이 이루어지고 사업 시행으로 피해를 입은 원주민들에게 주는 보상의 일환으로서, 택지개발지구 내 단독주택필지로 80여 평 정도의 택지를 분양받을 수 있는 권리를 말한다. 이렇게 원주민들에게 부여받은 토지 분양가는 보통 조성 원가의 70~80% 수준으로 1층에 점포가 가능한 단독주택지의 분양권을 가리켜 이주자택지라고 한다. 예를 들어 80평의 땅을 분양받았다고 가정해 보면 이주자택지에 대한 건폐율과 용적률은 택지지구마다 수립된 지구단위계획에 따라 조금씩 차이가 있다. 보통 건폐율 60%에 용적률은 150~180%다.

80평 대지의 60% 건폐율은 연면적이 48평이다. 승강기와 계단을 제외하면 실제 40여 평의 점포를 넣고 2~4층은 주택으로 구성된다. 이를 간단하게 정리하면 다음과 같다. 해당 개발 예정 부지의 소유와 거주 요건이 충족된 원주민에게 '이주자택지'를 공급하고 여기에 점포와 주택인 점포겸용주택(상가주택)을 지을 수 있다.

그 외에 또 다른 보상책으로 8평 내외의 근린 상가를 지을 수 있는 권리인 '생활대책용지'가 있다. 흔히들 '상가딱지'라고 불리기도 한다. 기존에 영업을 하거나 농, 축산업을 하던 생업종사자에게 생활 대책 보상 차원에서 제공하는 상가용지다. 보통 8평 토지로는 개인이 개발 행위를 할 수 없어서 30명 내외로 조합을 만들어 240평 내외의 근린 생활시설 신축 부지를 분양받기도 한다. 또는 시행자에게 프리미엄을 주고 되팔기도 한다.

택지 분양의 절차

그렇다면 택지를 분양받기 위해서는 어떠한 절차를 거쳐야 하고 대금은 어떻게 납부할까? LH주택공사에서 일반인에게 분양하는 단독주택필지의 경우 공사 홈페이지에 공고를 한다. 공인인증서를 통해 해당 필지를 선택하고 택지지구에서 정한 입찰금액을 LH주택공사 계좌로 송금하면 된다. 여기서 말한 입찰금액은 분양가의 10%가 아닌 공사에서 정한 일정 금액으로 지구별로 다르게 정해질 수 있다. 보통 입찰금인 신청 예약금은 1,000만 원이다. 이주자택지의 경우는 일반인이 원주민에게 프리미엄을 주고 택지 구매가 가능하다. 원주민에게 보상하는 이주자택지 외에 남은 물량이 있을 경우 일반인에게 분양하기도 한다.

이주자택지를 분양받은 원주민이나 매매한 소유자는 택지개발사업주체가 택지조성공사를 완료해서 토지 사용 가능 시기까지 토지대금을 2년에서 5년에 걸쳐 6개월 단위로 납부하게 된다. 우선 계약 시 분양가의 10% 금액을 납부하고 계약하며, 나머지 10%를 더 납부하게 되면 은행에서 80%까지 대출이 가능하다. 6개월마다 해당 금액이 납부 회차에 도래되면 은행에서 회차마다 대출이 실행된다. 여기서 택지라는 토지가 매력적인 이유는 분양받아 20%의 현금을 납부한 상태라면 나머지 80%가 한 번에 실행되는 것이 아닌 납부 회차에 따른 대출금에 대한 금리가 적용되기 때문이다. 따라서 대출액이 순차적으로 늘어나게 되므로 토지 사용 가능 시기까지 대출이자가 그리 큰 부담이 되지 않는다.

　간혹 '이주자택지'의 가격 형성 요인을 모른 채 단순히 프리미엄 금액만 보고 너무 비싸다는 이유로 투자를 머뭇거리는 사람도 있다. 실제로 오산 세교지구 사례를 보자. 원주민이 이주자택지를 3억 원에 분양받았고 프리미엄이 2억 가까이 붙어 5억 원에 거래된다. 프리미엄만 놓고 보면 2억 원이란 돈은 적지 않다. 프리미엄이 붙은 가격은 토지 80평을 감안했을 때 평당 620만 원 선이다. 이에 비해 바로 옆 부지인 일반인에게 분양하는 이주자택지는 660~700만 원 선에서 분양받았다. 이 둘은 구매비용에서도 차이가 난다. 전자의 경우 3억 원의 20%인 6,000만 원과 프리미엄 2억 원을 합쳐 2억 6,000만 원이 필요하고 나머지 금액인 2억 4,000만 원은 대출이 가능하다. 후자의 경우 분양가 5억 3,000만 원이라면 필요한 금액은 20%인 1억 600만 원이다. 여기서 프리미엄이 붙는 이유는 원주민에게 제공되는 이주자택지 가격이 일반 토지조성원가의 80% 수준으로 저렴하게 책정되기 때문이다. 위치 또한 상업용지 인근으로 더 좋다.

　토지 가격이 비싼 구도심보다 신규 택지지구의 토지를 저렴하게 매입해 상가주택을 짓는 것도 매력적인 부분이 많다. 구도심의 오래된 상가주택을 매입해 리모델링이나 신축하는 것도 좋은 방법이다. 상가주택은 입지가 생명이기 때문에 되도록 좋은 위치를 선점해야 성공할 수 있다.

택지지구의
'가구수 제한'을 조심하라

가끔 뉴스나 매스컴을 통해 택지개발지구의 단독 필지 분양 경쟁률을 보고 놀라지 않을 수 없다. 적게는 몇십 대 일부터 많게는 수천 대 일까지 경쟁률을 보인다. 택지개발지구 내 단독 필지 분양은 지역에 따라 왜 이렇게 큰 차이가 날까? 바로 수익률과 직결되는 택지지구마다 '가구수 제한'이 다르기 때문이다.

여의도 2배 크기인 원주 기업도시 점포겸용주택용 토지 분양의 경쟁률은 6,200 대 1로 11만 7,000건이 접수되었다. 최고 청약 경쟁률은 6,204 대 1로 서울의 위례신도시보다 3배 가까이 높았다. 평균 경쟁률은 1,388 대 1로 프리미엄이 1억 원부터 붙기 시작했다. 왜 이렇게 높은 경쟁률을 보였을까? 그 이유는 3층까지 지을 수 있고 1층에 근린생활시설이나 주차장을 넣으면 4층까지 건축할 수 있는 데다 가구수 제한이 없기 때문이다.

반드시 확인해야 할 '가구수 제한'

건축법 시행령에 의하면 다가구주택은 19세대 이하로만 지을 수 있다. 하지만 택지개발지구에서는 택지지구 조례에 따라 지구단위계획이 별도로 수립되어 있어 가구수와 주차장법에 제한을 두고 있다. 앞에서 말한 원주 기업도시처럼 가구수 제한이 없는 지역이 있고, 보통은 4층에 5~7가구까지 허용하는 지역이 있다. 3층에 3가구만 허용하는 지역도 있고, 1층에 1가구만 허용되는 지역도 있다. 해당 택지지구마다 허용 가구수가 다르기 때문에 분양받을 때나 매입 시 해당 택지지구의 가구수 제한사항을 반드시 확인해야 한다. 대지가 넓어도 가구수가 적으면 수익률이 떨어져 활용도가 낮기 때문이다.

동일 택지지구 내에서 블록별로 가구수가 다른 경우도 있다. 경기도 남부 한 택지지구의 경우 3~4층에 5가구지만, 도농복합용지는 3층에 3가구다. 더불어 건폐율과 용적률도 다르다. 이주자택지는 건폐율 60%, 용적률 150~180%이지만 도농복합용지는 건폐율 50%, 용적률 100%다. 파주 운정신도시도 마찬가지다. 분양이 저조하여 수의계약으로 바뀌었는데, 5가구 블록은 100% 수의계약이 이루어졌고 3가구 블록은 수의계약이 고전을 면치 못했다.

가구수 제한이 풀리는 경우

이에 반면 상황에 따라 층수와 가구수를 허용해 주기도 한다. 화성 조암지구의 경우 2018년 6월에 3가구에서 5가구로 허용되었고 층수도 3층에서 4층으로 허용되었다. 이 시기에 신축건물이 많이 지어졌는데 세대수 증가는 수익률 증가와 바로 직결되기 때문이다. 이처럼 부동산 트렌드 변화로 시세차익보다 임대수익을 얻는 시대에 접어들면서 층수와 가구수는 투자적인 입장에서 관련이 깊다.

위의 사진처럼 택지지구와 도로 하나 사이로 마주하는 토지는 아주 매력적이다. 택지지구가 아닌 곳의 가장 큰 장점은 가구수 제한이 없

다는 점이다. 게다가 택지지구가 아닌 곳은 건폐율과 용적률도 높다. 택지지구와 마주하는 땅은 가구수가 제한되는 택지지구 내 토지보다 다소 비싸지만, 층수를 더 올릴 수 있고 주차법에 맞는 범위 안에서 최대한 많은 원룸을 배치할 수 있기 때문에 토지 가격을 생각하면 오히려 저렴한 편이다. 2차선 도로를 두고(4차선 확장 예정이다) 왼쪽은 택지지구로 가구수가 5가구로 정해졌다. 1층에 쓰리룸 2가구, 2층에 쓰리룸 2가구, 3층에 주인 세대 쓰리룸 1가구다. 가정집은 보통 월세보다는 전세로 임대가 맞춰진다. 하지만 오른쪽은 가구수 제한이 없으면서 용적률도 높아서 1층에 상가를 넣고 2~4층은 원룸과 투룸으로 총 10가구로 구성되어 있다. 월 임대료는 400만 원 가까이 나온다.

안성 아양지구의 경우 택지지구 내 토지가 평당 400~450만 원일 때 택지지구 맞은편 가구수 제한이 없는 토지는 평당 300만 원이 채 안 되었다. 토지 가격은 100만 원 이상 저렴하고 1층을 필로티 구조로 하고 2~5층까지 총 4개 층을 올리면 원룸이 많아 수익률이 20% 가깝게 나온다. 이와 같은 이유로 택지지구와 마주하는 토지는 보석과 같다. 토지는 저렴한데 가구수가 많다 보니 수익률이 높아 보유하는 동안 적지 않은 임대수익을 올릴 수 있고 추후 매매할 때 시세차익 또한 크다. 간혹 지방에서 15% 정도의 수익률이 나오는 건물도 있긴 하지만 수도권에서 20%의 수익률은 말 그대로 꿈의 수익률이다. 적정 기간 보유 후 양도소득세가 적어지는 시점에서 매매금액을 높여 수익률을 10% 정도로 맞추어 매매해도 거래가 잘 된다. 이와 같은 방법으로 몇 번 반복하면 일반 직장인 평생 벌 돈을 단 몇 년 안에 벌게 된다.

15년 전에는 5,000만 원으로 오산의 오산대역 인근에 있는 24평 아파트 전세금을 낼 수 있었으나, 시간이 지나면서 물가가 상승하여 현재 5,000만 원은 다가구주택의 원룸 전세보증금 정도밖에 되지 않는다. 시간이 흐름에 따라 화폐의 가치는 하락하고 물가는 지속적으로 상승하게 되며, 그때 가서는 원룸 전세보증금도 물가에 맞게 상승할 것이다. 다시 말하자면 물가상승의 크고 적음의 차이일 뿐 돈의 가치는 갈수록 하락한다는 말이다. 수익형부동산인 다가구주택은 가치하락을 막아주면서 현금흐름을 만들어 주는 좋은 투자상품이다.

　　다가구주택을 매입하거나 신축하려는 사람들은 임대수익을 얻으려는 목적이 크다. 가구수 제한에 걸려 월세가 적게 나오면 매력 있는 상품이 될 수 없다. 택지지구의 가구수 제한은 지역별로 다르기 때문에 택지를 매입할 때 반드시 가구수를 체크해야 한다. 물론 택지지구 맞은편, 가구수 제한이 없는 땅을 찾았다면 15% 이상의 수익률을 기대할 수 있다. 지금부터라도 이런 땅을 찾아보자.

돈 되는 부동산을 찾아내는 안목

"옷을 사려는데 옷을 고르는 안목이 없어서요."

"사람을 많이 안 만나봐서 사람 보는 안목이 없어요."

일상생활에서 사물을 보는 안목뿐만 아니라 부동산에서 물건을 보는 안목도 마찬가지다. 안목眼目의 사전적 정의는 사물의 좋고 나쁨이나 가치를 분별할 수 있는 눈이다. 부동산투자에서 안목은 남들이 보지 못하는 것을 보는 눈이고, 가치의 본질을 꿰뚫어 보는 것이다. 투자에 안목이 있는 사람은 미래가치를 정확히 찾아내 실행에 옮기는 사람들이다. 얼마 전까지만 해도 화성 동탄2기신도시 하면 '미분양', '입주폭탄', '마이너스 프리미엄' 같은 단어들이 떠올랐던 게 사실이다. 하지만 시범단지의 경우 분양 가격 대비 2배 이상 올랐다. 수원 광교도 그렇고 서울 강서구 마곡지구도 25평(약 84㎡) 기준 아파트 분양가 4억 원이었는데, 현재는 9~10억 원으로 분양가 대비 2배 이상 올랐다. 아파트만 해당하는 게 아니다. 신도시와 택지지구도 마찬가지로 도시가 기반이 갖춰지면서 토지에 프리미엄이 붙기 시작한다. 빈 땅이 사라질 때쯤 토지 가격의 최고치를 기록한다. 이렇게 도시가 형성되는 과정에서 토지 가격은 물론 건물 매매가격에도 영향을 줘서 상가주택 매매시세는 수억 원의 프리미엄이 붙게 된다. 물론 수익률과는 별도다.

부동산 하락을 기다리는 사람들

주위를 보면 아파트의 거품이 많이 끼어있어서 하락하기만을 기다리는 이들이 있다. 전세를 살면서 무주택자로 살아간다. 또는 아파트 한 채가 전부인 사람들도 있다. 2주택자 이상은 다주택자로 분류되어 아파트 한 채나 두 채 이상은 소유하면 큰일 난다고 생각하는 사람들도 있다. 아파트 한 채인 사람은 집값이 오르면 똑같이 오르고 하락하면 똑같이 하락하는 것을 경험한다. 하지만 아파트 다섯 채인 사람은 본인이 살고 있는 주택 외에도 나머지 아파트 네 채를 전세 또는 임대를 주기 때문에 부동산 상승의 영향을 100% 체감한다. 집이 한 채인 분들이나 여러 채를 보유한 사람이나 집값이 오르길 바라는 마음은 똑같다. 단지 부동산투자자는 주택을 투자처로 생각하는 것뿐이다.

돈 벌 타이밍은 준비된 사람에게만 보인다

결국 집은 '의식주' 중의 하나다. 자가로 살든 전세로 살든 월세로 살든 방식만 다를 뿐이다.

아파트 10채를 보유해서 10명에게 임대를 줄 수 있고, 오피스텔 10채를 보유해서 10명에게 임대를 줄 수 있다. 어떤 형태로든 타인에게 임대를 해주는 주택을 늘려야 한다. 하나하나가 파이프라인이기 때문이다. 대지 100평의 4층짜리 필로티 구조로 된 원룸건물에서 나오는 임대수익을 얻으려면 아파트나 오피스텔 10채를 매입해야 한다. 하지만 실제로 원룸건물을 매입하는 데 드는 비용은 아파트나 오피스텔 구입할 돈과 비교하면 절반밖에 되지 않는다. 관리가 편하다는 이유로 한 달에 50~60만 원 나오는 아파트나 오피스텔에 만족하지 말고, 한 건물에서 500~600만 원이 나오는 파이프라인을 만들도록 노력해야 한다.

돈이 모인 후에는 늦는다

물론 처음부터 이런 임대수익을 만들기는 쉽지 않다. 하지만 전세보증금 제도를 이용해서 투자금액이 부족하면 부족한 대로 매입 후에 여건에 맞게 월세로 바꿔나가면 된다. 토지 가격도 건축비도 항상 기다려 주지 않는다. 돈이 모인 후 매입하려고 하면 더 많은 돈이 필요하게 된다. 그렇다. 투자의 시작은 종잣돈 모으기부터다. 앞에서 아파트 한 채만으로 종잣돈 만드는 방법을 알려드렸다. 이외에도 빌라 한 채를 경매로 싸게 낙찰받아 도배와 장판들을 새로 교체해서 매매 후 종잣돈을 불리는 방법도 있다.

　모든 이치가 그렇지만 가만히 있다고 해서 누가 밥숟가락을 떠먹여 주지는 않는다. 종잣돈이 없으면 없을수록 더 뛰어다니고 공부해야 한다. 돈이란 건 참 희한해서 초기에 모으기가 어렵지 조금만 모이게 되면 눈덩이처럼 금세 불어난다. 사두면 돈이 되는 시대는 지났다. 부동산도 전문지식을 필요로 하는 투자의 대상이 된 것이다. 인터넷과 신문, 뉴스, 국토부 자료 등을 검색하는 것은 물론 직접 현장을 뛰어다니며 두 눈으로 보고 확인하는 게 필요하다. 경험상 자신의 돈이 투자되었거나 투자할 생각이 있는 지역이라면 항상 예의주시하게 되어있다. 이처럼 지식과 경험이 쌓이게 되면 남들보다 멀리 볼 수 있는 안목을 갖게 된다. 단순히 푹 꺼져 있는 땅이나 언덕배기에 자리하고 있는 땅도 건축물이 올라갔을 때 예측해 보는 안목을 키우는 것이다. 건물이 완공되면 임대가 잘 될 것인지, 주 임대수요는 무엇인지, 교통에 있어서 건물주 입장이 아닌 임차인 입장에서 출퇴근 시 불편함은 없는지를 꼼꼼히 따져봐야 한다. 물론 건축물이 올라가기 전에 이 모든 것을 파악해야 한다.

아파트 가격 변동에 일희일비하지 마라

　지방의 아파트 가격이 올랐다는 소식이나 서울 어느 지역은 몇억 원씩 올랐다는 기사에 속상하고 마음 쓸 필요가 전혀 없다. 임대수익이 한 달에 몇천만 원씩 되는 분들도 하나같이 처음에는 3층 다가구주택으로 시작했다. 근로소득으로 번 돈을 한 가구씩 월세로 바꾸면서 월세로 받은 돈을 몇 년간 모아 그 돈으로 3층 다가구주택을 팔고 4층 상가주택을 매입한다. 4층 상가주택을 매입 후 임대수익으로 모은 돈을 합쳐 근생건물을 구입해서 빌딩을 소유하게 되는 것이다. 올 상가로 된 건물이 좋은 건 알지만 상가는 보증금이 많지 않다. 주택에 비해 전세보증금이란 지렛대 원리를 이용할 수 없다. 마음이 급하더라도 조금만 인내하고 참자. 결국 빌딩을 소유하게 되는 과정일 뿐이다. 처음에는 부족하면 부족한 대로 자신의 자금에 맞게 시작하면 된다. 중요한 건 그 시작이 1억 원으로도 충분하다는 사실이다. 그렇다면 1억 원으로 어떻게 건물주가 될 수 있을까?

우선 투자금액 1억 원을 기반으로 토지 가격에서 80%인 1~2억 원을 대출받아 건축업자가 짓고 있는 건물을 저렴하게 매입하는 것이다(임대수요가 풍부해서 임차인을 쉽게 구할 수 있는 일자리가 풍부한 지역에 해당된다). 건물이 준공 나면 1~2억 원을 추가로 대출받는다. 이렇게 해서 3층 다가구주택을 매입하면 임대수익으로 이자를 지불하고 돈을 충분히 모을 수 있다. 5~10년간 이렇게 자금을 모아 입지가 좋고 가격 상승이 예상되는 유망 지역에 1층 상가가 있는 상가주택을 매입한다. 다시 임대수입과 자산관리를 통해 3~5층짜리 근생건물을 매입할 수 있다. 누구나 이런 방식으로 15~20년 동안 다가구주택을 통해 재테크를 하면 건물주가 되는 것이다. 처음부터 상가주택만 볼 것이 아니라 전세보증금 비율을 높여 3층 다가구주택과 같은 수익형부동산에 관심을 갖고 있으면 기회는 분명 온다.

중요한 것은 이런 좋은 조건이 나왔을 때 즉시 행동에 옮겨야 한다는 것이다. 좋은 조건의 매물이 나와도 머뭇거린다면 그 매물은 안목이 좋은 사람에게 돌아간다. 다가구주택은 아파트와 달리 환금성에서 떨어지는 것은 사실이다. 다른 재테크와 마찬가지로 다가구주택을 파는 시점과 적정 수익률을 책정해야 하고 3~5년 보유하고 있다가 갈아타야 한다.

소액 투자로 경험을 늘려라

많은 사람이 건물주가 되고 싶어 한다. 처음에는 내 집 마련이 꿈이고 40~50대를 넘어서면 내 건물을 소유하고 싶어 한다. 또 은퇴가 다가오면 은퇴 후 수입이 없기 때문에 임대수입으로 안정적인 노후를 보내고 싶어 한다. 보통 건물을 소유하려면 돈이 많아야 할 것 같지만 잘 찾아보면 충분히 저렴한 다가구주택을 매입할 수 있다. 서울의 평균 아파트 가격이 10~13억 원 정도 하니까 평생 아파트 한 채만을 갖는 게 아니라 그 돈으로 건물을 매입하는 것이다. 10억 원 이하의 다가구주택 중에는 월 300만 원 이상 나오는 건물이 의외로 많다. 지역 상권이 발전하면 지가상승과 임대료라는 두 마리 토끼를 잡게 된다.

부동산을 바라보는 안목은 누가 대신 만들어 주지 않는다. 스스로 경험이 쌓이면서 안목이 깊어질 뿐이다. 앞에서 말했듯 결과만 보지 말고 과정을 이해해야 한다. 서울 지역의 건물을 올리는 것이 아닌 수도권 변두리에서 시작하면 소액으로도 충분하다. 오목이 중앙에서 시작하듯이 서울에 투자하는 것은 있는 사람들만의 리그다. 네 귀퉁이에서 시작하는 바둑처럼 한 단계 한 단계 밟아나가면 10~20년 후에는 충분히 노후 걱정 안 하는 꼬마빌딩 하나씩은 소유하게 될 것이다.

진짜 부자는
아파트를 사지 않는다

모든 일에는 요령이 필요하다. 무턱대고 열정만 앞서서 일을 진행하다 보면 생각한 것보다 진도가 안 나갈 수 있다. 똑같은 일을 하더라도 숙련자와 비숙련자 간에 차이가 나듯이 어떤 일을 함에 있어 요령은 분명 있다. 칭찬에도 요령이 필요하고, 웨이트트레이닝에도 요령이 필요하다. 그렇다면 부동산투자에 있어서는 어떤 요령이 필요할까? 부동산투자는 내 돈이 있어야 하는 것으로 아는 사람들이 의외로 많다. 물론 대출 자체를 싫어하는 사람도 있을 것이다. 이자 내는 게 아깝고 타인에게 빚진 삶이 좋지 않다고 오랜 시간 생각해 왔기 때문이다. 부동산은 일반 재화 중에서도 가격이 높은 재화에 속한다. 대출을 최대한 이용해야 투자금액을 모으는 시간을 줄이고, 좀 더 빨리 시

돈 벌 타이밍은 준비된 사람에게만 보인다

작할 수 있다.

　다가구주택 네 채를 갖고 있는 나도 처음부터 대출을 이렇게 편한 마음으로 이용하지는 않았다. 건물 개수가 늘면서 대출금액도 함께 늘었다. 예전 직장 생활했을 때를 생각하면 지금의 대출금액은 감히 상상도 못 했을 것이다. 건물 한 채에 대한 대출은 토지대출과 건물대출 포함해서 대략 3억 5,000만 원에서 4억 원이다. 금융이자 금리 4%로 계산해 보면 한 달 이자는 116~133만 원 정도다. 이 대출이자는 누가 내는 것일까? 건물주가 내는 것일까? 아니다. 대출이자는 해당 건물에 살고 있는 임차인의 월세로 대신 내고 있다. 앞에서 말했듯이 어디에나 요령은 필요하다. 물론 여기서 말하는 요령이란 일을 최대한 덜 하고 싶어서 꾀를 부리는 요령이 아닌 자신의 힘은 최소화해서 효력은 극대화할 수 있는 요령이다.

2년만에 건물 네 채를 가지다

　내가 다가구주택 대출의 선순환구조를 이해한 후 건물 한 채에서 네 채로 늘어나는 데 걸린 기간은 불과 2년이다. 만약 대출이 없었다면 첫 건물도 언감생심 꿈도 못 꿀 일이었을 것이다. 현재는 개인의 신용등급과 부채 상황, 대출 규모를 따져서 대출을 받고 싶어도 받지 못하는 제한이 따른다. 하지만 대출은 받을 수 있는 금액만큼 최대한 받자. 그리고 원금은 상환하지 않고 평생 이자만 낸다고 생각하자. 매월 나가는 이자가 아깝다고 생각할 수 있지만 물가상승률에 비하면 대출 이자는 많은 게 아니다.

예를 들어 건물을 매입(신축)하는 과정에서 토지대출과 건물대출을 이용해 4억 원을 받았다고 가정해 보자. 4억 원의 대출이자(금리 4%)는 133만 원이다. 이 건물에서 월세가 많이 나오면 많이 나올수록 좋겠지만, 만약 월세가 200만 원이면 이자를 내고도 67만 원이 남는다. 월세가 300만 원이면 이자를 내고도 167만 원, 월세가 400만 원이면 267만 원, 월세가 500만 원이면 367만 원이 남는다. 하지만 건물이 하나가 아닌 둘이라면 어떻게 되겠는가? 67만 원은 134만 원이 되고, 167만 원은 334만 원이 되며, 267만 원은 534만 원이 되고, 367만 원은 734만 원이 된다.

이래도 매월 나가는 이자가 아깝다는 생각이 드는가? 전혀 그렇지 않다. 은행에서 해당 물건을 담보로 해주는 대출의 금리와 이 건물에서 나오는 수익률을 비교해 보면 답이 나온다. 은행에서 돈을 빌릴 때 금리는 4%이지만 건물에서 수익률이 8%, 10%, 12%로 높아질수록 4%, 6%, 8%의 차이가 난다. 쉽게 말해서 수익률 10%가 나오는 건물에서 임대수익이 400만 원이 나오면 은행에서 대출받은 4억 원에 대한 이자 133만 원만 내면 된다(대출금리 4%). 보통 7~9%의 월세 전환이 가능하므로 은행이자에 비할 바가 못 된다. 여기서 더욱 중요한 것은 물가상승률 증가로 인해 화폐가치는 시간이 갈수록 떨어지는데, 4억 원의 대출원금은 10년이 지나면 2억 8,000만 원 정도의 가치밖에 되지 않는다. 20년이 지나면 반 토막인 2억 원의 가치밖에 되지 않는다. 시간과

세월은 누구의 편일까? 은행 편일까? 임차인 편일까? 아니다. 건물주의 편이다. 역으로 10년, 20년의 세월이 흐르면 보증금과 월세는 물가에 맞게 올라가게 된다. 현재 이 건물의 시세가 14억 원이라고 가정한다면 20년 뒤에는 대략 28억 원의 가치로 변해있을 것이다. 현물자산인 토지를 깔고 앉은 건물은 토지 가격과 함께 꾸준히 오른 반면 대출원금의 가치는 줄어들게 된다. 이게 바로 대출을 이용해 파이프라인을 만들고 늘려가는 시스템인 것이다. 이 시스템을 잘 이해하고 적용해야 보다 쉽고 빠르게 자산을 만들 수 있다.

좋은 대출, 나쁜 대출

대출도 모두 좋은 대출만 있는 것은 아니다. 앞에서 예를 든 경우는 좋은 대출에 속한다. 저금리로 대출받아 높은 수익률이 발생하니까 그 차이로 현금흐름이 발생하는 것이다. 하지만 자산을 엉덩이에 100% 깔고 앉아있는 아파트에 대출을 받아 이자를 낸다거나 신규아파트를 분양받아 집단 중도금대출 등을 받아 이자를 내다 보면 평생 이자의 늪에서 벗어날 수 없다. 단지 아파트 평수를 늘리거나 좀 더 좋은 입지로 분양받아 이사하면서 대출금액을 늘리는 것도 좋은 대출이라고 볼 수 없다. 현물자산이 아닌 생활비 목적으로 대출받는 것은 더욱 지양해야 한다. 은행에서 동일한 대출을 받았더라도 사용처에 따라 시간이 흐른 후 확연한 차이를 볼 수 있다. 투자에 있어 대출은 빼놓을 수 없는 절친한 친구와 같다.

다가구주택을 매입하는 방법에는 구옥을 매매하는 방법과 신축하는 방법 두 가지가 있다. 보통 수도권 택지지구 내 다가구주택이 깔고 앉은 대지평수는 80평 전후다. 토지 시세는 평당 400~800만 원 정도다. 물론 입지마다 평당 금액은 다르다. 그러면 토지 가격만 3억 2,000만 원에서 6억 4,000만 원 정도다(수도권에서는 평당 900만 원 이하로 토지를 사서 4층 상가주택을 신축하면 투자금액 대비 10% 가까운 수익률을 올릴 수 있다).

토지 구매비용도 적지 않게 들지만 건축비도 마찬가지다. 2018년 6월 27일 건설산업기본법이 바뀌면서 당초 평당 300만 원대였던 건축비도 400~500만 원 정도 한다. 건축비가 오른 이유를 잠깐 설명하자면, 기존 규정은 다중주택과 다가구주택 등 주거용 건물은 연면적 200평(661㎡) 이하인 경우 비주거용 건물은 150평(495㎡)인 경우 건축주 직접 시공이 가능했다. 하지만 건설업자가 아닌 건축주가 직접 시공할 수 있는 범위를 합리적인 수준으로 조정하고 소비자의 피해를 예방하려는 목적에 근간이 있다. 이러한 이유로 2018년 6월 27일부터 시행된 건설산업기본법에 따라 건축주 직영공사는 연면적 60평(200㎡) 이하만 공사가 가능하다. 그리고 다가구주택, 다세대주택, 다중주택, 연립주택은 면적과 관계없이 불가능하다. 이 때문에 건축비가 많이 올랐다.

2014~1017년에 아파트 갭투자가 유행이었다. 소액의 종잣돈으로 전세를 끼고 부동산을 매입하는 방식이다. 예를 들어 아파트의 매매가격이 3억 원일 경우 전세보증금 2억 5,000만 원을 이용해 실투자금은 5,000만 원이다. 이런 방식으로 수십 채에서 수백 채에 이르기까지

돈 벌 타이밍은 준비된 사람에게만 보인다

아파트에 투자한 사람들도 적지 않다. 과연 이런 방식이 아파트에만 적용될까? 아파트는 단지 임차인의 전세보증금만을 이용해 자신의 투자금액을 최소화한다. 하지만 다가구주택은 토지대출과 건물대출 그리고 여러 가구 임차인의 전세보증금을 이용해 아파트보다 더 투자금액은 최소화하고 수익은 극대화한다. 최근에 거래되었던 3층 다가구주택(신축) 명세를 보자.

매매가격은 8억 5,000만 원이고(토지평수 74평), 총 전세보증금은 4억 5,000만 원이다. 대출은 토지와 건물 포함해서 3억 5,000만 원이다. 투자금액은 얼마일까? 5,000만 원이다. 월세가 198만 원이고 대출이자는(4%) 116만 원으로 수익률은 19.5%다. 동일한 투자금액인 5,000만 원으로 3억 원의 아파트를 매수하는 방법과 8억 5,000만 원의 다가구주택을 매입(신축)하는 방법이 있다. 아파트는 단순 갭투자로 임대수입은 없지만 다가구주택은 매달 82만 원의 순수익이 발생한다.

다가구주택으로 하루빨리 시스템을 구축하라고 하는 이유가 여기에 있다. 여러 가구를 전세로 놓고 토지와 건물에 대한 대출을 이용하면 생각했던 금액보다 훨씬 적은 금액으로 대지 80평 내외의 내 건물을 가질 수 있다. 건물을 소유한 후부터는, 시간은 나의 편이 된 셈이다. 이 시스템을 잘 이해하고 자신의 상황에 맞게 적용해 보자. 다시한번 말하지만, 시스템 구축이 우선이다.

부동산 투자의 성적표는 '수익률'

　보통 자산의 3요소라고 하면 예금, 주식, 부동산을 들 수 있다. 어떤 재화가 되었든 안정성과 수익성, 환금성을 따진다. 예금은 수익성은 낮으나 안정성과 환금성은 좋은 편이다. 주식은 안정성은 낮으나 수익성과 환금성은 좋은 편이다. 부동산은 환금성은 낮으나 수익성과 안정성이 좋다. 하지만 부동산도 향후 매매차익과 수익성만 높다면 환금성 또한 나쁘지 않다. 수익성과 관련 있는 수익률 계산 방법은 해당 투자한 부동산에서 1년간 나오는 수입을 실제 투자한 금액으로 나누는 것이다. 신도시나 택지지구에 상가주택을 매매하거나 신축하려면 먼저 해당 택지지구에 가구수를 확인하고 건폐율과 용적률을 미리 파악해야 한다. 대지평수 80평, 건폐율 60%, 용적률 180%, 가구수 5가

돈 벌 타이밍은 준비된 사람에게만 보인다

구라면 건물은 대략 다음과 같은 모습일 것이다.

주택(주인 세대 전세 1억 5,000만 원)	
주택(쓰리룸 전세 1억 1,000만 원)	주택(쓰리룸 전세 1억 1,000만 원)
주택(쓰리룸 전세 1억 1,000만 원)	주택(쓰리룸 전세 1억 1,000만 원)
상가(보증금 300만 원, 월세 200만 원)	

1층에 상가가 들어가고 총 5가구라면 2층은 쓰리룸 2가구, 3층에 쓰리룸 2가구, 4층은 주인 세대 1가구가 될 것이다. 대지가 80평 기준이라 쓰리룸 2가구가 가능하다. 하지만 대지가 70평 이하라면 1개 층에 투룸 2가구가 가능하다. 25평대 아파트 전용면적이 15~18평 정도가 나온다고 가정할 때 해당 층에 면적이 확보되지 않기 때문이다. 이러한 이유로 다가구주택 신축에 있어서 대지평수와 건폐율과 용적률을 따져보고 임대 시세까지 알고 있어야 건축하기 전에 예상 수익률을 가늠할 수 있다.

| 건폐율과 용적률 계산 예시 |

택지지구의 용도지역은 보통 일반 주거지역이다. 일반 주거지역에서의 건폐율 60%를 적용하면 1층 바닥면적으로 48평의 1층 바닥면적의 건물을 올릴 수 있다(대지면적 80평×건폐율 60%=바닥면적 48평). 바닥면적을

산출했다면 다음으로 용적률을 살펴보자. 용적률이 180%라고 가정했을 때 총 연면적은 144평이 된다(20평 정도의 발코니 확장이 가능하나 제외함). 그리고 1~3층을 동일 평수로 올린다면 1층 48평, 2층 48평, 4층 48평으로 3층 건물이 된다(대지면적 80평×용적률 180%=연면적 144평). 그런데 위의 표와 다르게 나온다는 말이 된다. 1개 층이 빠져버렸다. 건폐율 60%라고 해서 토지를 100% 채워서 올리지는 않는다. 건폐율이란 최고한도의 면적이므로 건폐율 60% 이하로는 얼마든지 지을 수 있다. 4층까지 동일 평수로 짓는다고 한다면 1개 층을 36평으로 올릴 수 있다. 3층 건물에 비해 4층 건물은 건물의 활용 면과 수익률 면에서 확실한 차이가 있다. 물론 일조권이라든지 추가로 지을 수 있는 면적이 있을 수 있으므로 건축사의 전문적인 도움을 받아 설계를 다양하게 그려보는 것이 바람직하다.

수익률 계산 예시

주변 임대 시세를 확인했더니 현재 쓰리룸의 전세가 1억 1,000만 원이라고 한다면 4가구의 보증금으로 4억 4,000만 원이 되고, 주인 세대 쓰리룸 전세가 1억 5,000만 원이라고 하면 총 5가구의 전세보증금으로 5억 9,000만 원의 투자금액이 회수될 것으로 예상할 수 있다. 1층 상가를 보증금 3,000만 원에 월 임대료 200만 원으로 임대를 줬다면 여기에 상가 보증금도 합산된다. 총 보증금의 합은 6억 2,000만 원이 될 것이다. 건물 가격을 11억 원이라고 한다면 매월 임대수익 200만 원을 가정했을 때 수익률은 5%다.

월 임대료(200만 원) × 12 = 2,400만 원

매매가격(11억 원) - 총 보증금(6억 2,000만 원) = 4억 8,000만 원 = 5%

수익률을 계산할 때 보통 두 가지로 구분할 수 있다. 위의 사례처럼 대출 없이 순수하게 자신의 자본만으로 수익률을 계산했을 때를 기본 수익률이라고 한다. 만약에 위의 사례에서 4억 원의 대출(금리 4%)을 받았다면 복합 수익률로 계산할 수 있는데, 이럴 경우 수익률이 어떻게 변하는지 한번 살펴보자.

실제 투자금액 4억 8,000만 원 중 4억 원을 4% 금리로 빌린 경우는 한 달에 대출이자가 133만 원이다. 대출을 받았을 때 수익률을 계산해 보면?

월 임대료(200만 원) × 12 - 대출이자(133만 원) × 12 = 804만 원

매매가격(11억 원) - 총 보증금(6억 2,000만 원) - 대출(4억 원) = 8,000만 원
= 10%

						건축년도	건물용도
소 재 지							
대 지		80 평	**도로상황**				
건 평			**건물외형**				
난방방식			**건물상태**				

신축 상가주택

층 별	세대수	보증금	월세	비 고		
1층	상가	3,000	200		**매매금액**	110,000
					보증금	62,000
2층	201호	11,000				
	202호	11,000			**월세금액**	200
					융자금액	
3층	301호	11,000				
	302호	11,000			**금융이자 (4%)**	
4층	401호	15,000			**투자금**	**48,000**
합 계		62,000	200		**수익들**	**5.0%**

돈 벌 타이밍은 준비된 사람에게만 보인다

신축 상가주택							
소 재 지						건축년도	건물용도
대 지	80 평		도로상황				
건 평			건물외형				
난방방식			건물상태				
층 별	세대수	보증금	월세	비 고			
1층	상가	3,000	200			매매금액	110,000
						보증금	62,000
2층	201호	11,000				월세금액	200
	202호	11,000					
						융자금액	40,000
3층	301호	11,000				금융이자 (4%)	133
	302호	11,000					
4층	401호	15,000				투자금	8,000
합 계		62,000	200			수익들	10.0%

대출을 받았는지 여부에 따라 투자금액과 수익률은 엄청난 차이를 보이고 있다. 이렇듯 대출금액과 대출금리, 총 전세보증금(전세 비율)은 수익률과 밀접한 관계가 있다. 전세보증금과 대출을 이용하면 11억 원의 건물을 매입(신축)하는 데 1억 원이 들지 않는다. 물론 취득 시 필요한 취득록세 비용은 제외했다. 2년 후 전세보증금이 가구당 1,000만 원씩 상승하게 된다면 5가구 전세보증금 상승분은 5,000만 원이 된다. 초기 투자금액인 8,000만 원에서 5,000만 원이 회수되는 것이다. 2년 동안 받은 월세 1,600만 원을 감안하면 투자금액은 100% 회수되는 것과 같다. 놀랍지 않은가? 실제로 이런 수익률을 미리 계산하고 토지 가격이 저렴할 때 매입해서 건축에 들어간다면 그렇게 어려운 일도 아니다.

투자 현금 8,000만 원에 연 10% 정도의 수익률이 나온다는 것을 알 수 있다. 2~4층 주택 전세보증금과 상가 보증금을 보수적으로 잡았지만 실제 보증금을 더 받거나 상가 임대료가 많을수록 더 높은 수익률을 기대할 수 있다. 이처럼 토지를 매입하기 전에 설계사무소에서 가도면을 그려보고 세대 구성과 월 임대차 현황을 계산해 보면 건축 후 투자금액 대비 수익률과 현금흐름을 예상할 수 있다.

5장

해본 사람만
아는
실전 전략

다가구주택의 가격 결정 요소

　지인 중에 은퇴하고 전원생활을 할 요량으로 충남 당진에 배산임수의 땅을 몇 개월 찾아다니다 포기하고 결국 개발업체가 분양하는 전원주택을 분양받은 분이 있다. '집 한 채 지으면 10년 늙는다'라는 말이 있듯이 전선 연결부터 정화조 설치까지 신경 쓸 게 한둘이 아니기 때문에 머리 아파서 그냥 지어져 있는 전원주택을 분양받았다는 것이다. 물론 분양받은 전원주택이 직접 토지를 알아보고 구입 후 건축하는 비용보다 훨씬 비싼 건 사실이다. 전원주택 시행사의 건축 마진이 포함되었기 때문이다. 하지만 토목작업과 건축을 조금만 공부하면, 비용은 줄이고 자신이 원하는 취향대로 얼마든지 건축이 가능하다.

　삶의 여유를 찾으며 전원생활을 하기 위해 짓는 전원주택과 달리 수익성을 목적으로 건축되는 다가구주택은 가격을 결정하는 부분에서 어떤 차이가 있을까? 다가구주택 가격은 일반 건물처럼 토지 비용과 건축 비용으로 나눌 수 있다. 아파트의 경우 동일 브랜드의 아파트라고 하더라도 서울에서 분양하는 아파트와 지방에서 분양하는 아파트는 분양가에서 차이가 나는데, 이는 바로 토지 가격 때문이다. 토지를 얼마나 저렴하게 매입하느냐에 따라 건설사나 개인의 마진율이 달라진다.

| LH 택지 분양은 로또 |

LH주택공사에서 분양하는 택지에 당첨되면 로또가 된 것처럼 좋아하는 이유가 있다. 수도권 내 단독주택용지에 청약에 당첨되면 프리미엄은 기본 3,000~5,000만 원부터 시작한다. 몇 개월이 지나면 1억 원 이상으로 금세 올라가며 토지 분양가와 맞먹게 된다. LH주택공사가 분양하는 단독주택용지 분양가는 지역별로 차이가 있지만 1평(3.3㎡)당 400~800만 원 정도다. 1필지별로 분양하는 면적은 대체로 80평(270㎡) 전후다. 땅값만 적게는 3억 2,000만 원부터 많게는 6억 4,000만 원까지 다양하다. 여기에 건축비는 1평(3.3㎡)당 400만 원 전후다. 신축 다가구주택의 매매가격은 건축비보다 토지 가격에서 차이가 난다. 프리미엄을 얼마나 줬는지에 따라 총 매매가격이 달라지는 것이다.

실제로 수원 호매실지구 내 80평 땅을 매입한 두 명의 사례를 보자.

한명은 3억 원이라는 토지 분양 가격에 프리미엄 1억 원을 주고, 4억 원에 토지를 매입했다. 건축비는 연면적 150평에 평당 건축비 400만 원으로 6억 원이 들었다. 총 10억 원이 든 셈이다. 또 다른 한 명은 1년 6개월 뒤 바로 옆 토지를 프리미엄 4억 원을 주고 7억 원에 토지를 매입했다. 토지 가격만 7억 원이 든 셈이다. 건축비는 6억 원으로 동일하게 들었다. 그렇다면 이 둘의 수익률을 어떤 차이가 있을까? (토지 + 건물대출 2억 원, 토지 + 건물 취등록세 3,000만 원 동일 적용) 결론부터 말씀드리자면 토지를 매입할 때 프리미엄 1억 원이 든 사람은 수익률이 10.9%인 반면, 프리미엄 4억 원이 든 사람은 수익률이 4.9%다.

이처럼 단독주택지 가운데 직접 거주하면서 1층 상가에서 임대수익까지 얻을 수 있는 상가주택이 갈수록 인기를 끌고 있다. 이처럼 신규로 분양하는 택지지구에 더욱 관심과 경쟁률이 높은 이유는 지난 2014년 9월 1일 부동산대책 후속조치로 신도시를 비롯한 대규모 택지개발지구 신규 지정을 중단하겠다는 '택지개발촉진법'을 폐지한 이후 택지의 희소성이 부각된 것도 한몫한다. 더욱이 신도시 택지지구는 개발을 발표하더라도 조성하기에 앞서 10년에 가까운 시간이 필요하다(원주민 보상 관련, 토목공사 기간 필요). 지금처럼 최저 금리가 지속되면서 상가주택을 지어 안정적인 임대수익을 기대하는 은퇴 예정자들이 늘고 있어 점포겸용주택은 꾸준히 가치가 올라가고 있다.

신축 상가주택

소 재 지					건축년도	건물용도
대 지	80.0 평		도로상황		2016년	
건 평			건물외형			
난방방식			건물상태			
층 별	세대수	보증금	월세	비 고		
1층	상가	3,000	250	젠알파	매매금액	103,000
					보증금	58,000
2층	201호	10,000	8	R2	월세금액	293
	202호	11,000	9	R3		
					융자금액	20,000
3층	301호	10,000	8	R2	금융이자 (4%)	233
	302호	11,000	9	R3		
4층	401호	13,000	9	R3	투자금	25,000
합 계		58,000	293		수익률	10.9%

참 고 사 항	

토지 P값 1억 주고 매입

						건축년도	건물용도

신축 상가주택

소 재 지						건축년도	건물용도
대 지	80.0 평		도로상황				
건 평			건물외형			2016년	
난방방식			건물상태				
층 별	세대수	보증금	월세	비 고			
1층	상가	3,000	250	젠알파		매매금액	133,000
						보증금	58,000
2층	201호	10,000	8	R2			
	202호	11,000	9	R3		월세금액	293
						융자금액	20,000
3층	301호	10,000	8	R2			
	302호	11,000	9	R3		금융이자 (4%)	233
4층	401호	13,000	9	R3		투자금	55,000
합 계		58,000	293			수익률	4.9%
참 고 사 항							

토지 P값 4억 주고 매입

집값을 결정하는 세부 요소들

다가구주택 가격을 결정하는 요인에는 여러 가지가 있다. 그중에서 지하철과의 거리, 편의시설의 접근성, 자녀 학교 등하교의 거리에 따라 주택가격 상승하는 요인이며, 도로가 접한 경우 도로폭이 넓을수록 플러스 요인이 된다. 엘리베이터 설치 여부도 건물 가격에 많은 영향을 준다. 이외에도 토지 모양의 경우 긴 직사각형보다는 정사각형 모양이 플러스 요인이며 용적률에 비례하여 연면적이 늘어나는 제1종 일반주거지역에 비해 2, 3종 일반주거지역이나 준주거지역이 가격에 플러스 영향을 준다. 플러스 영향을 주는 요인들을 보면 토지를 알차게 사용해서 주택으로 사용 시 레이아웃을 가장 최적화해서 잘 꾸미는 데 중점이 있다. 직사각형의 토지는 방의 구조가 정사각형보다 좋지 않으며 버려지는 공간이 생길 수 있다. 엘리베이터의 경우 장단점이 있는데, 우선 임차인 입장에서는 계단이 아닌 엘리베이터를 사용하기 때문에 편리하다. 하지만 건물주 입장에서는 장점보다 단점이 많다. 우선 엘리베이터를 설치함으로써 3,000~5,000만 원의 추가 비용이 든다. 더불어 계단의 경우 4평 정도가 층별 면적에서 차지하는데 엘리베이터를 설치함으로써 면적이 줄게 된다. 그만큼 방의 크기가 작아지거나 면적이 줄어드는 것이다. 이외에도 승강기 안전관리법에 따라 업체에 위탁 관리해야 하면 유지 및 점검 등의 비용이 들게 된다.

다가구주택은 기성복처럼 매매가격이 정해져 있는 구옥을 비싸게 구입하는 게 아니다. 맞춤 정장처럼 토지 가격을 저렴하게 매입해서 프리미엄을 최대한 낮게 잡아 원가를 줄이는 게 가장 큰 마진을 볼 수 있다는 사실을 잊지 말자.

딱 6개월만 투자해서
건물주가 되어보자

작년 연말 크리스마스 기념으로 아내와 연극 〈오백에 삼십〉을 봤다. 보증금 500에 월세 30만 원짜리 돼지빌라에 사는 소시민들의 삶의 애환을 중심으로 풀어가는 연극이다. 요즘의 현실을 반영하는 내용을 코믹하게 잘 풀어서 와닿는 내용이 많았다. 더욱 재미있었던 것은 좌석 배정에 S석이 아닌 '건물주석'이 있었다는 점이다. 물론 관람비를 더 지불해야 했지만 조물주 위에 건물주란 말을 실감케 하면서 용어 선택에 재치가 느껴졌다. 미래에 대해 전망이 안 보이거나 은퇴 시기가 다가오면 뭐라도 해야 하지 않을까 하는 불안감이 엄습하기 나름이다. 물론 직장에 다닐 때 차근차근 준비해 온 사람하고는 퇴직 이후 삶이 판이하게 차이가 난다.

많은 직장인이 자기계발에 열심이다. 자격증을 취득한다든지 독서 모임에 나간다든지 외국어를 공부하기도 한다. 뭐라도 안 하면 괜스레 뒤처지는 것 같기 때문이다. 직장 생활을 할 때 정년이 5년 정도 남은 선배가 1종 대형면허 취득을 준비하는 걸 보면서 노후가 준비되지 않은 것만큼 비참하고 두려운 것은 없으며 남들과 똑같아서는 안 된다는 사실을 깨달은 적이 있다. 그리고 또 다른 직장 선배 한 명이 있었는데, 그 선배는 나와 8살 차이가 난다. 아마도 내가 건물주가 될 수 있었던 계기를 마련해 준 게 이 선배가 아닐까 싶다. 모든 일에는 계기가 필요하다. 이 선배가 살던 2층 단독주택이 아파트부지로 확정되었는데, 그 주택이 아파트 정문에 위치할 예정이라 시행사와 오랜 공방(?) 끝에 무려 20억 원이라는 보상금을 받아냈다.

이 보상금으로 천안에 토지 구매비용 10억 원, 건축비 10억 원을 들여 6층짜리 근린 상가를 지었다. 그 건물의 가치는 현재 50억 원이 족히 넘는다. 나는 이 선배의 무용담 같은 이야기를 들으면서 부동산에 관심이 생겼고, 재개발과 재건축 관련 각종 세미나도 들으면서 부동산에 지식을 넓혀갔다. 이 이야기를 하는 이유는 작은 욕심 때문이다. 나의 옛 직장 선배의 투자 경험담이 나를 건물주가 될 수 있게 해준 계기가 된 것처럼, 지금 이 책을 읽고 있는 독자들 중에서도 이 책이 계기가 되어 한 달에 한 번 받는 월급에 만족하지 말고 월세 통장을 확인하는 사람이 되었으면 한다.

최고의 노후계획은 '건물 월세'

대부분의 직장인이 은퇴 이후에도 월급 정도의 임대수입이 발생하는 것을 바라고 꿈꾼다. 은퇴 이후에는 더 이상 돈을 벌 수 없다는 전제가 깔려있기 때문이다. 자신만의 특별한 뭔가가 있어서 은퇴나 정년 이후의 수입이 끊이지 않고 지속되면 고민이 덜 하겠지만, 갈수록 퇴직 시기가 앞당겨지는 요즘 더욱 빨리 노후를 준비하고자 하는 조급한 마음 때문에 상당한 스트레스를 받는다. 급한 마음은 어떤 일이든 실수하기 마련이다. 이런 불안한 마음으로 투자를 하게 되면 100% 실패한다. 사실 나도 처음부터 다가구주택 네 채를 소유하리라고는 생각을 못했다. 옛 속담에 시작이 반이라는 말이 있다. 그렇다. 무슨 일이든지 시작하기가 어렵지 일단 시작하면 반 이상 한 것이나 다름없으므로 끝마치기는 그리 어렵지 않다.

지인 중에는 편의점만 7개를 운영하시는 분이 있고, 핸드폰 판매점을 4개 운영하는 분도 있다. 그리고 유튜브 채널을 3개 운영하는 분도 있다. 이와 비슷한 원리가 아닐까 싶다. 뭐든지 처음은 어렵고 두렵고 힘들게 느껴진다. 하지만 업종을 떠나 한번 직접 경험해 보면 원리를 깨닫고 느끼는 게 분명 생긴다. 그러면 그것을 계기로 보완해 가면서 두 번째는 좀 더 쉽고 빠르게 달성하게 된다. 앞에서 언급했지만 부동산은 활황이 있으면 불황이 있다. 지금은 어디에 속할까? 그렇다. 불황이다. 불황이면 투자할 물건이 없을까? 전혀 그렇지 않다. 잘 찾아보면 오히려 호황일 때보다 더 많다. 1층 상가가 장기간 공실로 된 건물이 건물주의 자금 사정으로 급매로 나왔다면 여러분은 어떻게 할 것인가? 1층 상가가 공실이 되지 않게 하는 방법만 알고 있다면 그 건물은 건물주가 생각하는 이상의 가치를 가지고 있는 것이다. 종잣돈을 모으는 방법이라든지 급매를 선별하는 방법 등 어떤 상황이 되었든 실천하는 것이 각자의 몫이다.

20년 전 1,000만 원으로 대구 대로변에 상가주택을 하나 매입할 수 있었다(매매가격 2억 8,000만 원, 전세보증금 1억 3,000만 원, 대출 1억 4,000만 원, 월세 150만 원). 그렇다면 지금은 이런 물건이 없을까? 물론 있다. 못 보는 것인가? 아니면 안 찾는 것인가? 지금도 종종 내 돈 없이도 건물을 매입할 수 있는 물건이 나오고 있다. 50억, 100억 로또가 되었다고 한들 그릇이 작으면 금세 빠져나가고 만다. 금수저이거나 부모가 잘살아서 고생 한번 안 해보고 부동산을 증여받았다면 그것을 유지하는 게 쉽지는 않을 것이다. 자수성가도 쉬운 건 아니지만 무엇이 되었든 유지하고 지켜나간다는 게 이루는 것보다 더 힘들다고 볼 수 있다.

일반 직장인의 주 수입원은 월급이 전부다. 투잡을 한다고 하더라도 큰돈은 되지 않는다. 시간 쪼개 잠을 줄여가며 대리운전이나 편의점 아르바이트를 하더라도 수면 부족과 피로 누적으로 건강만 상할 뿐이다. 예전에 내가 다녔던 직장은 성과금이 600%가 훨씬 넘었다. 1년 중에 짝수 달은 월말에 상여금이 한 번 더 나오는 것이다. 1, 3, 5, 7, 9, 11월은 월급만 한 달에 한 번 나온다. 대신 2, 4, 6, 8, 10, 12월은 월급과 상여금 두 번 나온다. 연말이면 특별 성과금과 각종 연월차 수당 등 큰돈(?)을 만져볼 수 있는 유일한 달이다.

중소기업에 다니는 사람들보다는 훨씬 더 나은 복지와 상여금이었지만 가계를 유지해 가는 데 있어 여유가 있는 정도는 아니었다. 누구나 그렇지만 월급은 들어오기가 무섭게 아파트 대출이자와 각종 카드값, 공과금 등으로 금세 썰물처럼 빠져나간다. 하지만 지금은 달라졌다. 매달 한 번 내지는 두 번 들어오는 월급과 상여금을 기다리고만 있는 게 아니라 한 달에 수십 번까지도 들어올 수 있는 임대수익을 더 늘리려고 노력하고 있다. 다가구주택 건물 네 채의 임차인은 30명이 족히 넘는다. 전세, 반전세, 월세 골고루 임대를 주고 있지만 앞으로 시간을 두고 월세 비중을 높이게 되면, 한 달에 한두 번 받는 월급과 상여금이 아닌 한 달에 30번, 1년 365일 월세를 받는 시스템을 만들면 되는 것이다. 18년이라는 짧지 않은 직장 생활을 했다. 그것도 오롯이 한 직장으로 말이다. 하지만 생각과 관점을 바꾸고 실천에 옮겼더니 단 6개월 만에 건물주가 되었고 1년 만에 다가구주택 네 채의 주인이 되었다.

월세 30에서 시작해서 파이프라인 늘리기

누구나 직장 생활을 자기 스스로 결정해야 하는 시기를 맞이한다. 나는 그 시기가 서른아홉이었다. 마흔을 맞이하면서 20년에 가까운 직장 생활의 종지부를 찍었다. 흔히 마흔을 불혹이라 말하고 40대를 중년의 대명사로 인지해 왔다. 마흔은 세상일에 정신에 빼앗겨 갈팡

해본 사람만 아는 실전 전략

질팡하거나 판단을 흐리는 일이 없게 되었음을 뜻하는 나이지만, 나는 직장 생활을 계속해야 할지 말아야 할지 갈팡질팡했고 판단을 하지 못했다. 물론 경험 부족과 시야가 좁아서 실패와 좌절도 있었지만, 부동산에 대한 관심과 공부를 꾸준히 하고 있었기에 다가구주택(이주자택지) 투자에 대한 확신은 있었다.

직장 생활을 그만두고 맨 처음 느꼈던 것은 '직장에 다닐 때 파이프 라인을 만들었으면 나와서 덜 힘들었을 텐데' 하는 아쉬움이었다. 그래서 직장에 다닐 때 부동산에 투자하는 것이 풍요로운 노후를 보낼 수 있는 밑바탕이 되는 미래의 부를 만드는 가장 확실한 방법이라고 생각한다. 세상은 공평하다. 누구는 운이 좋아서 기회가 왔는데 왜 나에게는 오지 않느냐고 원망할 필요가 없다. 기회는 누구에게나 온다. 다만 그 기회가 왔을 때 바로 알아보고 잡을 수 있는 사람이 되기 위해 준비하고 있어야 한다. 미리 준비하는 사람만이 기회의 열매를 맛볼 수 있을 것이다.

서두에서 잠시 언급했던 연극 제목처럼 '오백에 삼십'은 원룸 평균 임대료다(물론 지역마다 차이가 있다). 보증금 500만 원에 월세 30만 원을 받을 수 있는 소형 아파트도 좋고, 오피스텔도 좋고, 상가도 좋다. 일단 하나부터 시작해 보는 것이다. 투자금액이 적다고 불평하거나 아는 게 없다고 좌절하지 말고 지금 당장 현장에 다녀보자. 호랑이를 잡으려면 호랑이굴에 들어가야 하는 것처럼 겁먹지 말고 일단 들어가 보자. 뜻하지 않게 빛나는 보석을 분명 발견하게 될 것이다.

돈 버는 상가주택의
네 가지 공통점

　　똑같은 수업을 듣고 필기를 해도 특별히 성적이 좋은 학생이 있고, 동일한 식자재로 납품받아 식당을 운영해도 유독 손님이 끊이지 않는 식당이 있다. 이들의 공통점은 무엇일까? 분명히 잘되는 것은 그 이유와 공통점이 있기 마련이다. 상가주택은 1층 상가에서 나오는 임대수입이 전체 건물의 수익률을 50% 이상을 차지하는 만큼 입지와 위치가 중요하다. 주택은 입지가 다소 떨어지더라도 전세보증금이나 월세를 조금만 낮춰주면 임대가 맞춰지지만, 상가는 입지에 따라 상가 임차인을 못 맞춰 공실 기간이 길어지거나 임대가 맞춰졌다 해도 임대기간 만료 후 다음 임차인이 나타날 때까지 장기간 기다려야 해서 수익률에 많은 영향을 미친다.

상가는 입지가 최고

상가주택은 1층 상가와 2~4층 주택으로 구성된 겸용주택을 말한다. 상가주택의 경우 구도심과 신도시마다 입지의 차이가 있다. 구도심의 경우 주거지역과 상업지역이 적절하게 어우러져 있는 준주거지역이 최적의 입지 조건이라고 볼 수 있다. 준주거지역은 주거기능은 물론 상업기능과 업무기능이 보완된 지역으로 상권이 좋을 수밖에 없다. 신도시나 택지지구의 경우, 2차선 또는 4차선 도로를 앞두고 아파트와 마주하는 곳과 상업용지(중심상가)를 마주하는 곳이 상가주택의 가치가 꾸준히 상승하는 곳이다. 이처럼 아파트와 상업용지를 마주하고 있는 대로변 상가주택은 공실이 없다. 또한 상가를 3칸이나 4칸으로 구성해서 월 임대료도 안쪽 이면도로에 있는 상가주택에 비해 월등히 높다. 수익률은 건물 매매가격과 연결되기 때문에 향후 매매차익도 볼 수 있고 환금성 면에서도 더욱 유리하다. 이게 바로 조금 더 비싼 토지 가격을 내더라도 좋은 위치의 땅을 사는 이유다.

다가구주택인 상가주택은 아파트와 달리 건물과 건물의 이격거리가 짧고 서로 가까이 마주하고 있어서 1개의 면이 노출된 건물보다 2개의 면이 노출된 건물이 가치가 높고, 3개의 면이 노출된 건물이 가장 접근성이 높으며 유동인구도 많다. 다시 말해서 상가주택의 가치를 결정짓는 것은 도로를 접한 면의 개수다. 또 대로변에 접한 건물인지, 이면도로에 접한 건물인지, 건물 앞뒤로 경사가 있는지, 도로를 2개 이상 접하고 있는 코너 건물인지에 따라 1층에 입점하는 상가의 품목도 달라진다.

앞에서 설명했듯이 신도시 택지지구의 경우 세대수와 층수 제한이 있다. 주거 전용인 3층 다가구주택이 있고, 1층 상가가 들어가는 4층 상가주택이 있다. 간혹 해당 필지의 경사도에 따라 4층이 아닌 5층까지 건축이 가능하기도 하다. 쉽게 말해서 건물 전면에서 보면 5층 건물이지만, 건물 뒤로 돌아가서 보면 4층 건물로 보인다. 건물 앞뒤로 경사로 인해 높이 차이가 나면 이런 방식으로 건축이 가능하다. 사진에서 보는 것처럼 1, 2층을 상가로 사용하고 있어서 인접한 4층 건물에 비해 건물 임대수익은 훨씬 높다. 또한 상업지구와 마주하고 있는 상가주택은 상권이 통합되는 경향이 있어 1층 상가의 가치는 더욱 높다.

<정면에서 볼 경우: 5층 건물>

해본 사람만 아는 실전 전략

<뒷면에서 볼 경우: 4층 건물>

　다음 페이지 사진을 보면 박스 안에 140여 필지, 즉 140채의 상가주택 건물들이 있다. 이 건물 중에서 임차인이 가장 선호하는 위치는 어디일까? 건물주는 건물을 매입해서 임대하는 게 목적이지만, 그에 앞서 어디에서 장사를 하면 잘 될지 임대를 얻는 임차인의 입장에서 생각해 볼 필요가 있다. 박스 안을 잘 보자. 메인도로로 해서 양쪽 이면도로로 나눠진다. 가장 메인도로가 이동 차량도 많고 이동 인구도 많다. 이 메인도로 중에서 눈여겨봐야 할 것은 메인도로와 이면도로가 교차하는 코너에 위치한 건물들이다. 택지지구 내의 땅에 투자하든 건축을 하든 가장 좋은 위치를 볼 줄 알아야 한다. 140채 건물 중 앞에

서 설명했던 조건에 들어맞는 필지는 고작 12개 건물뿐이다. 도로 2개 이상 접해있는 코너 자리가 누구나 선호하는 위치이다. 내가 5년 동안 지켜보았지만 1층 상가가 공실로 있었던 적은 한 번도 없었으며 장사도 잘된다.

박스 안에 있는 사진을 자세히 보면 서쪽을 제외하고 동쪽, 남쪽, 북쪽은 완충녹지가 도로 사이에 접해있다. 동쪽 완충녹지의 경우 봉긋하게 솟아올라서 1층 상가를 가리고 있다. 완충녹지 때문에 대로변의 효과가 전혀 없다(토지이용계획확인원을 보면 완충녹지로 표시됨). 이와 반대로 남쪽과 북쪽에 있는 완충녹지는 평탄하다. 차량이 지나가면서 건물 노출이 쉬워 임차인 입장에서도 훨씬 낫다.

시간이 갈수록 가치가 올라가는 돈 버는 상가주택의 특징을 정리하자면 다음과 같다.

- 첫째, 상업지구나 아파트와 마주 보고 있는 상가주택을 선택하라.
- 둘째, 2개의 도로가 교차하는 코너의 상가주택을 선택하라.
- 셋째, 완충녹지가 건물을 가리지 않는지 판단하라.
- 넷째, 앞뒤 경사가 있는 상가주택부지를 선택하라.

상가주택용 부지를
고르기 위한 조건

　최근 난 기사를 보면 경기가 좋지 않아 취업을 준비하는 사회초년 생부터 현재 직장에 다니고 있지만 언제 그만둘지 모르는 불안감으로 가득 찬 직장인, 은퇴를 앞둔 은퇴 예정자까지 미래를 걱정하는 사람이 너무나 많다. 퇴직 후 할 일은 없고 수명은 연장되었다. 이러한 이유로 너나 할 거 없이 임대수입을 바라는 마음은 더욱 간절해졌다. 투자자는 물론 일반 직장인들도 상가주택의 주인 세대에 직접 거주하면서 안정적으로 월세 받기를 희망한다.

　무턱대고 상가주택을 매입하기보다 먼저 상가주택을 짓기 위한 토지를 사는 게 급선무다. 토지만 먼저 확보되었다면 건축은 여유가 있을 때 시작해도 늦지 않다. 물가상승률 이상으로 오르는 토지를 무작정 기다릴 수만은 없기 때문이다. 서울에서 단독주택부지 찾기는 하늘의 별 따기다. 서울에서는 오래된 구옥을 허물고 신축만 하면 임대에 대한 걱정은 없기 때문에 수익률을 따져보고 적절한 판단이 필요하다. 간혹 급한 마음에 진입로는 있는지, 차량 통행은 가능한지 등을 알아보지도 않고 경매에 나온 단독주택을 높은 가격으로 덜컥 낙찰받는 분들도 적지 않다. 서울 주거지역의 경우 도로가 협소해서 인접지와의 관계, 도로폭, 진입로 등을 꼼꼼히 따져봐야 한다.

신도시에 상가주택을 지으려면

이번에는 구도심이 아닌 신도시나 택지지구 내 상가주택을 짓기 위한 조건으로 체크해야 할 부분들을 알아보자. 일반적으로 택지지구는 LH주택공사가 도시를 계획하기 위해 공동주택용지, 단독주택용지, 상업용지, 종교용지, 학교용지, 근린생활시설용지로 구분한다. 공동주택용지는 아파트 등을 건축 가능한 부지이고, 단독주택부지는 주거전용단독주택부지나 점포겸용주택부지로 나눠진다. 이 단독주택부지가 실제 수익형부동산으로 집중되고 있는 꼬마빌딩이 만들어지는 부지다. 그렇다면 세부적으로 알아보자.

첫 번째, 상업용지와 마주하는 앞 라인의 상가주택이 좋다. 특히 일반상업지역보다 중심상업지역이 더욱 상권이 활성화되기 때문에 가치가 함께 높아진다. 시간이 지나면 상권이 통합되기 때문이다.

두 번째, 근린공원이 아닌 아파트나 초등학교와 마주하는 앞 라인의 상가주택이 좋다. 공원과 마주하는 곳보다는 세대수가 많은 아파트 정문 쪽과 초등학교 앞 라인은 항상 학원 통학 차량으로 유동인구가 많기 때문에 상가에 공실이 없다.

세 번째, 택지지구 내 일조권 방향을 체크하자. 일반적으로 일조권은 정북 방향에서 적용된다. 남향의 경우 일조권을 받기 때문에 일조권을 받는 부분에 테라스가 설치되어 면적이 줄어들 수 있다. 이에 반해 일조권을 받지 않는 북향의 경우 건축 시 건평이 더 나온다. 다가구주택은 아파트와 달리 3베이, 4베이 구조가 될 수 없다. 정남향이라고 하더라도 절반의 가구는 북향이 될 수밖에 없는 구조다. 분양받은 택지마다 일조권 기준이 다르기 때문에 미리 체크해야 한다.

네 번째, 주차장용지와 마주하는 위치가 좋다. 주차장용지는 택지지구가 형성이 되면서 1층에 대형할인마트가 입점하면서 2~4층을 유료 주차장으로 사용하게 된다. 이로 인해 이동 차량이 많아 다른 위치에 비해 상권이 월등히 먼저 형성되기 때문이다.

다섯 번째, 너무 작거나 큰 부지는 지양한다. 택지지구의 경우 대개 가구수 제한이 있기 때문에 넓은 평수의 토지라고 무조건 좋다고 볼 수 없다. 토지 구매비용과 건축비가 더 들어갈 뿐 방의 크기가 넓다고 해서 전세보증금을 더 받을 수 있는 게 아니다. 월세도 마찬가지이다. 반대로 대지평수가 작으면 방의 크기가 작아 제대로 전세보증금을 받지 못하거나 공실이 날 우려가 있다.

마지막으로 상가주택 토지 매입 및 건축을 진행하려고 할 때 수익률 분석 및 자금계획에 차질이 없도록 현금을 확보해야 한다. 신축이라면 취득록세뿐만 아니라 세대마다 중개수수료도 필요하다. 수익률은 준공 전에 예측이 가능하므로 충분한 시간을 갖고 투자비용 대비 수익률을 꼼꼼히 분석해야 한다.

원룸과 고시원 중
무엇이 유리할까?

택지지구 내 다가구주택의 가장 큰 단점은 가구수 제한이다. 가구수는 수익률과 비례하기 때문에 높은 토지 가격과 건축비를 투입해서 3층에 3가구만 지을 수 있다면 수익형부동산의 의미와 역행하게 된다. 이러한 경우 법의 테두리 안에서 시행 가능한 방법이 있다. 택지지구 인근에 1~2인 임대수요가 많은 공장들이 있을 때 1층 근린생활시설을 고시원으로 허가 변경해서 바꾸는 것이다. 상권이 아직 발달하지 않은 지역은 1층 상가가 공실로 비어있는 경우가 많다. 상권이 형성되기까지 상당한 시간이 필요하기 때문에 고시원 허가만 받으면 수익률은 훨씬 안정적으로 잘 나온다. 상권이 형성되기까지 몇 년간 상가 공실이 많은 지역은 아래 사진을 보면 알 수 있다.

고시원이란 무엇일까

그렇다면 고시원에 대해 잠깐 알아보자. 주택, 사무실, 음식점 등 모든 건축물은 사용 용도가 이미 법으로 정해져 있다. 즉 고시원은 주거시설이나 업무시설이 아닌 '제2종 근린생활시설'에서만 가능하다. 고시원은 샤워실, 세면실, 화장실 등을 합법적으로 설치가 가능하지만 방 내부에 취사 설비는 설치할 수 없다. 여기서 취사 설비란 싱크대를 포함한, 열을 사용한 음식 조리 시설을 말한다. 그러나 방 내부가 아닌 외부에 공용 주방을 설치할 수는 있다. 고시원은 면적이 제한되어 사용 면적 150평(500㎡) 이내로만 가능하다. 만약 150평을 초과하게 되면 근린생활시설이 아닌 숙박 시설로 간주된다. 또, 한 건물 내에 공동주택이 있을 때는 고시원 설치가 불가능하다. 공동주택이라 함은 아파트, 다세대주택 등을 말한다. 즉, 주상복합아파트 내의 근린생활 시설 내에 고시원이 들어오는 것은 불가능하다는 말이다.

사진의 택지지구는 3가구, 5가구가 혼합되어 있다. 예를 들어 상권이 아직 미흡한 지역에 1층 상가를 공실로 두는 것보다 고시원으로 허가받고 원룸 6개를 임대해 주면 수익률은 크게 차이가 난다. 대로변에 접한 상가는 2~3칸으로 쪼개서 임대를 주기도 하지만, 위 지역은 이면도로에 위치하고 있어 쪼개서 임대를 줄 수 있는 상황은 아니다. 모든 자영업종을 불문하고 1층 상가(약 40평)를 통으로 임대해서 매월 300만 원 이상 내는 건 쉽지 않다. 특히나 지금처럼 불경기 때는 현상 유지하기도 급급하다.

상업용지를 분양가 2~3배 이상 높게 낙찰 받으면 상가 분양 시 분양가가 오르게 된다. 분양가가 오르면 분양받은 사람 역시 수익률을 맞추기 위해 높은 임대료를 요구할 수밖에 없다. 이처럼 일반 자영업자가 낼 수 있는 임대료는 한정되어 있다. 일반 자영업자가 낼 수 있는 한 달 임대료는 대략 200만 원 정도이다. 그렇다면 다음 표를 비교해보자. 상권이 형성되지 않아 공실이 된 상가에 겨우 임차인을 맞춰 보증금 2,000만 원에 월 임대료 150만 원을 받는다고 하더라도 수익률을 따져보면 3% 중반밖에 되지 않는다. 하지만 1층 상가를 고시원으로 허가받아 원룸 6개를 꾸미게 되면 원룸 1가구당 보증금 500만 원에 월 임대료 43만 원(관리비 포함)이다. 총 6세대의 보증금 합계는 3,000만 원이고 월세는 258만 원이 된다. 점포를 임대로 줬을 때보다 무려 100만 원을 더 받을 수 있다. 월 임대료가 100만 원이 더 나온다는 것은 건물 매매가격으로 봤을 때 1억 원 이상 매매가격을 올릴 수 있는 여지가 있다는 것이다. 그렇기 때문에 한 달에 월세 50~100만 원의 차이는 결코 적지 않은 수치다.

신축 상가주택

소 재 지					건축년도	건물용도
대　　지	78.7 평		도로상황			
건　　평			건물외형			
난방방식			건물상태			
층 별	세대수	보증금	월세	비 고		
1층	101호	2,000	150		매매금액	80,000
					보증금	29,000
2층	201호	13,000	5		월세금액	160
					융자금액	30,000
3층	301호	14,000	5		금융이자 (4%)	100
4층					투자금	21,000
합　　계		29,000	160		수익률	3.4%
참 고 사 항						
고시원 허가 득						

신축 상가주택

소 재 지					건축년도	건물용도
대 지	78.7 평		도로상황			
건 평			건물외형			
난방방식			건물상태			
층 별	세대수	보증금	월세	비 고		
1층	101호	500	43		매매금액	80,000
	102호	500	43			
	103호	500	43		보증금	30,000
	104호	500	43			
	105호	500	43			
	106호	500	43			
2층	201호	13,000	5		월세금액	268
					융자금액	30,000
3층	301호	14,000	5			
					금융이자 (4%)	100
4층					투자금	20,000
합 계		30,000	268		수익률	10.1%
참 고 사 항						
고시원 허가 득						

주거전용단독주택이 아닌 상가주택(점포겸용주택)은 1층 상가의 임차인 입점에 있어 위치를 가장 중요시해야 한다. 2~4층 주택은 공실의 우려는 없지만, 상가는 경기에 가장 영향을 많이 받기 때문이다. 또한 1층 상가를 고시원(원룸)으로 허가가 가능한지도 짚어봐야 한다.

1층은 카페, 2층은 사무실, 3층은 원룸, 4층은 거주

　건물주는 어느덧 남녀노소를 불문하고 공통의 꿈이 되어버렸다. 1층에 상가가 들어있는 4층 또는 5층 건물을 흔히들 우리는 꼬마빌딩이라고 한다. 빌딩은 대략 50억 원을 기준으로 해서 50억 원 이상은 대형빌딩에 속하고 50억 원 이하는 꼬마빌딩이라고 부른다. 빌딩은 임대수입이 목적이기 때문에 보증금의 합이 매매가격의 10~20% 정도 또는 그 이하가 대부분이다. 그래서 꼬마빌딩이라고 하더라도 개인이 접근하기에는 다소 무리가 있다. 더욱이 최근 대출 규제까지 강화되면서 개인이 40억 원가량의 자금을 준비하는 것도 현실적으로 어려운 일이다. 하지만 상가로만 구성된 건물이 아닌 상가주택은 주택의 비중이 크다. 다시 말해서 주택은 전세보증금의 비율이 높기 때문에 건물을 매입하거나 신축할 때 부족한 금액을 대신할 수 있다는 장점이 있다.

자영업을 하는 분들의 소망은 무엇일까? 내 상가에 직접 가게를 운영하는 것이다. 내 건물에 직접 가게를 운영하면 건물 관리는 물론 모든 부분에 더욱 신경을 쓸 수밖에 없기 때문에 보통 그런 건물들은 깨끗한 편이다. 그렇다면 내 건물에 직접 가게를 운영하는 게 과연 자영업 하는 분들만의 소망일까? 꼭 그렇지 않다. 직장인에게도 똑같은 로망이 있다. 내 건물에 거주하며 임대수입을 받아도 좋고, 영업 목적으로 직접 상가를 이용해도 좋다. 나도 한때는 그런 생활을 꿈꿨다. 4층 주인 세대에 살면서 1층에 서재처럼 꾸민 커피숍을 운영하는 것이 꿈이었다. 매일 커피 볶는 원두 냄새를 맡으면서 책을 읽는 여유 있는 생활을 동경했고, 결국 지금은 동경한 그 생활을 만끽하며 보내고 있다.

완전히 상반된 두 은퇴자의 노후

나와 비슷한 꿈을 꿨던 옛 직장 동료 두 분의 이야기를 하려고 한다. 한 분은 상가주택에 관심을 두면서 은퇴하기 2년 전부터 자신이 소유한 아파트 한 채와 퇴직금을 계산해서 토지와 건축 비용에 대해 알아봤다. 그 이유는 주인 세대에 직접 거주하고 본인이 가지고 있는 자동차 정비 기술을 살려 1층에 자동차정비센터를 운영하기 위해서였다. 마침 자동차정비센터를 운영할 만한 땅을 찾았다. 일조권이 해당

되지 않아 1층 층고를 높게 설계할 수 있는 위치였다. 자동차정비센터는 차량 유동량으로 접근해야 하기 때문에 주거 공간에서 물리적으로 좀 떨어졌다고 하더라고 운영에는 무리가 없다. 아래는 4층 주인 세대에 거주하며 1층에 자동차정비센터를 운영 중인 그분의 건물 사진이다. 임대수입과 더불어 사업소득은 직장 다닐 때 받았던 금액의 2배 이상이 되었다.

다른 한 분은 산 입에 거미줄 치겠냐는 식의 안일한 생각으로 아무 계획 없이 퇴직을 했고, 은퇴 후 당장 생활비 때문에 급하게 편의점을 창업했다. 보증금 5,000만 원에 월 임대료 250만 원의 집 근처 1층 상

가를 임대해서 편의점을 시작했는데, 월 순수입이 100만 원도 채 안되는 달이 많았다. 심지어 직장 다닐 때랑 비교가 안 될 정도로 많은 시간을 할애해야 했다. 최저임금이 오르면서 인건비를 아끼려고 주중 야간 및 주말에 일하는 두 명의 아르바이트생도 내보내고 아내와 번갈아 가면서 12시간 이상을 일해도 임대료 내기가 힘들었다.

이 둘의 차이점은 무엇일까? 같은 나이, 비슷한 시기에 회사를 퇴직하면서 퇴직 이후 삶을 미리 설계하고 준비한 사람과 막연하게 준비 없이 갑작스러운 퇴직을 맞이한 사람의 현실은 확연히 다르다. 이처럼 직장인들이 은퇴하고 나서 자신이 거주하면서 수익을 창출할 수 있는 부동산으로는 상가주택이 적합하다. 적은 금액으로도 누구나 쉽게 접근할 수 있는 이유를 구체적으로 살펴보자.

첫째, 적은 투자금액으로 매입이 가능하다. 다가구주택인 상가주택은 1층 상가 외에 주택으로 구성되어 있다. 지역마다 가구수는 다르지만 자신이 거주하는 공간을 제외하고 모두 전세로 임대를 준다면, 그만큼 자신의 투자금액은 줄어들게 된다. 그리고 건물주라고 해서 꼭 4층 주인 세대에 살라는 법도 없다. 돈이 부족하면 부족한 대로 2층이나 3층에 일반 쓰리룸이나 투룸에 살아도 좋다. 아니 원룸이면 어떠한가? 내 건물이 있고 임대수입이 발생하면 되는 거 아닌가? 허세가 아닌 실속에 중점을 두자. 건물주는 국산 중형차를 타는데 임차인은 수입차를 타는 경우도 많이 봤다.

둘째, 건물을 신축하거나 매입할 때는 자금이 부족했겠지만 2년이나 4년이 지난 후 그동안 받은 임대수입과 근로소득 등을 합쳐 나머지 전세로 임대 준 세대를 임대 종료 기간에 맞춰 반전세나 월세로 전환이 가능하다. 월세로 전환하는 가구수가 늘면서 임대수입도 함께 늘어나게 된다.

셋째, 안전하면서 실패하지 않는 투자를 할 수 있다. 임대수익이 나오는 수익형부동산에는 상가, 오피스텔 등 여러 부동산이 있는데 상가주택은 임대수입만 나오는 게 아니라 다른 집합건물에 속한 부동산과 달리 대지평수가 넓어서 지가상승을 기대할 수 있다. 물론 물가상승률 이상으로 오르는 토지 가격으로 실패할 확률은 줄어든다.

넷째, 거주 비용이 별도로 들지 않는다. 퇴직한 직장인은 고정 수입이 없어져 국민연금이나 개인연금에 의존하게 된다. 그리고 남은 건 자신이 거주하고 있는 아파트 한 채가 전부다. 재테크적인 측면에서 자신의 자산을 엉덩이에 깔고 있는 것은 바람직하지 않다. 상가주택은 주거와 임대수입을 동시에 해결할 수 있다.

노년에 준비하면 늦는다

대부분의 직장인은 은퇴가 눈앞에 다가왔을 때 준비를 하려고 한다. 하지만 그때는 너무 늦다. 토지 가격과 건축비는 해마다 오르고 있기 때문에 직장에 다니는 동안 자신이 찾고자 하는 지역의 건물들을 알아보고 급매를 기다리는 것도 좋은 방법 중 하나다. 무엇보다 중요한 것은 시기다. 은퇴를 몇 년 앞두고 준비하는 것보다 직장에 다닐 때 임대수익이 나오는 건물을 만드는 노력이 필요하다.

많은 분이 건물주라는 걸 마치 부자들만이 가질 수 있는 전유물처럼 생각하는데, 실상은 전혀 그렇지 않다. 물론 투자금액이 많으면 많을수록 더 좋은 위치에 자리하고 있는 건물을 선택할 수 있는 폭이 넓어지는 것은 사실이다. 하지만 투자금액이 모자라도 보증금과 대출을 이용해서 조건에 맞는 건물을 찾을 수 있고, 그런 건물은 분명 어딘가 있기 마련이다.

수익률 극대화하는 '역발상 투자기법'

　우리가 흔히 사용하는 용어 중에 '역발상'이란 단어가 있다. '역발상 투자', '역발상 마케팅', '역발상 경매'. 역발상은 일반적인 생각과 반대가 되는 생각을 말한다. 투자에서는 단독주택에 속하는 다가구주택이나 다중주택이 이에 해당된다. 적은 금액으로 부동산의 근원인 토지를 늘릴 수 있는 역발상 투자기법 중 하나다. 다중주택을 설명하기에 앞서 주거용 수익형부동산 종류에 대해 알아보자.

단독 주택	단독주택	• 일반적인 주택
	다중주택	• 바닥면적 합계 100평(330㎡) 이하 • 주택으로 사용하는 층수가 3개 층 이하 • 독립된 주거 형태 아닐 것(욕실 가능, 취사 시설 불가)
	다가구주택	• 바닥면적 합계 200평(660㎡) 이하 • 주택으로 사용하는 층수가 3개 층 이하 • 19세대 이하
공동 주택	아파트	• 주택으로 사용하는 층수가 5개 층 이상인 주택
	연립주택	• 주택으로 사용하는 1개동의 바닥면적 합계 200평(660㎡) 초과 • 층수가 4개 층 이하인 주택
	다세대주택	• 주택으로 사용하는 1개동의 바닥면적 합계 200평(660㎡) 이하 • 층수가 4개 층 이하인 주택
준 주택	고시원	• 다중생활시설(제2종 근린생활시설)
	오피스텔	• 업무용 이외에 숙식용으로 사용할 수 있지만, 용도 구분상 일반 업무 시설

다중주택은 주택으로 사용하는 층수가 3개 층 이하이면서 바닥면적이 100평(330㎡) 이하인 주택을 말한다. 여기서 연면적 100평(330㎡)까지 건축할 수 있다. 단, 지상의 바닥면적만 포함되므로 반지하는 연면적 산정 시 제외된다. 서울을 기준으로 제2종 일반주거지역에서는 건폐율이 60%, 용적률이 200%이다. 따라서 대지면적이 50평이 넘는 곳에서는 용적률을 다 찾을 수가 없어서 손해를 볼 수 있다. 예를 들면 50평과 100평을 구입했을 때를 비교하자면 다음과 같다.

3층 30평
2층 30평
1층 30평

대지면적이 50평이라고 할 때 건폐율 60%, 용적률 200%이면(서울시 기준), 연면적 90평으로 총 연면적 90% 가까이 사용했다.

2층 40평
1층 60평

대지면적이 100평이라고 할 때 건폐율 60%, 용적률 200%이면(서울시 기준), 연면적 100평으로 연면적 100평(330㎡)까지밖에 건축할 수 없으므로 2층까지만 건축할 수 있다. 물론 1~3층을 각 30평씩 건축할 수 있으나 군이 대지가 100평까지 필요가 없다는 뜻이다. 그래서 50평 이하의 땅을 찾아 다중주택을 건축하는 게 역발상이라고 할 수 있다.

지하층과 상가의 면적은 포함되지 않는다. 하지만 반지하를 만들어 지상으로의 한계를 극복할 수 있다. 다중주택은 독립된 주거 형태를 갖출 수 없으며 취사 시설을 설치할 수 없다. 하지만 실제로는 대부분의 다중주택이 취사 설비를 두고 운영한다. 최근 법 개정으로 다중주택 1층을 근린생활로 활용할 수 있게 되어 인기가 더 높아졌다. 따라서 주택으로 사용하는 층수만 3개 층 이하로 하고, 1층을 근린생활 시설로 활용할 수 있다.

다중주택의 장점

　다중주택의 장점을 정리해 보자. 첫째, 투자수익률이 높다. 같은 단독주택인 다가구주택이나 공동주택인 다세대주택, 도시형생활주택보다도 투자 대비 수익률이 높다. 다중주택은 주차법에 의한 규정이 완화되어 원룸 15개 정도를 구성해도 주차는 1~3대로 가능하다. 가구당 주차대수와 상관없이 수익률과 직결되는 방을 개수를 늘릴 수 있기 때문이다.

　둘째, 다른 주택에 비해 투자금액이 적게 들어간다. 다중주택은 대지가 30평 정도만 돼도 건축이 충분히 가능하기 때문에 토지를 구입하는 데 있어 토지 구매비와 건축비를 최소화할 수 있다. 서울에서 5억 원 이하로도 투자가 가능하다는 말이다.

　셋째, 임대수익과 매매차익을 동시에 만족할 수 있다. 다중주택은 수익률이 높은 편이며, 향후 매도할 때도 수익률만 높으면 얼마든지 쉽게 매매차익을 보고 팔 수 있다. 서울은 물론 대도시의 경우 주거지역 땅값이 지속적으로 상승하기 때문에 그 가치도 올라간다. 그렇기 때문에 다중주택은 은퇴를 앞두고 있는 분들이 많이들 선호하는 재테크 수단 중 하나다.

　넷째, 다중주택은 단독주택으로 1가구 1주택자에게는 양도세 혜택이 있다. 2년 동안 보유하면 9억 원 미만에 대해 양도세 관련 세금을 면제받을 수 있으며, 9억 원의 초과 부분에 한해서만 세금을 내면 된다.

　한편 상가주택의 경우 1층 상가 입점에 있어서 가장 중요한 비중을 차지하는 것이 위치다. 4차선에 접한 대로변이나 코너 자리가 아닌 경우, 이면도로 안쪽에 있는 상가주택의 상가는 장기간 공실인 경우가 많다. 그래서 안정적으로 임대할 수 있는 원룸으로 개조하기도 한다.

　한 건물은 상가 공실이 길어지자 상가 1층을 원룸 4개로 개조했다. 원룸 1가구당 보증금 500만 원에 월세는 40만 원이다. 4가구면 보증금은 2,000만 원이 되고, 월세는 160만 원이 된다. 그러면 인근의 일반 식당으로 임대했을 때와 비슷한 임대수익이 나온다(인접한 식당으로 임대 시 보증금 3,000만 원에 월 임대료 200만 원).

　주택 종류별로 특성을 잘 이해하고 장단점을 알고 있다면 손해 보지 않는 성공적인 투자를 할 수 있다. 적은 금액으로 건물주가 될 수 있는 다중주택부지를 지금부터라도 찾아 나서보자.

구축보다 신축이 대출에 유리하다

　역대 정부의 부동산 정책을 보면 냉탕과 온탕을 반복했다. 아파트 가격의 급등을 우려한 노무현 정부는 '투기와의 전쟁'을 선포한 후 재건축 초과이익 환수제, 종합부동산세 등 각종 규제정책을 펼쳤다. 이명박 정부는 그린벨트에 '보금자리주택' 공급 확대 정책을 내놓았고 박근혜 정부는 부동산 경기 냉각을 만회하기 위해 부동산 규제 완화 정책을 펼쳤다. 현 문재인 정부는 출범하면서 대출이나 세금, 금융, 재개발, 재건축 관련 규제, 청약 등의 규제를 총망라했고, 분양가 상한제의 대상 지역도 대폭 넓혀 풍선효과를 막고 실수요자 중심의 주택공급을 확대하고 있다. 집값 불안의 진앙인 서울 강남에 15억 원 이상 하는 고가 아파트는 대출과 갭투자를 철저히 차단하고 있다. 이러한 규제는 현 정부의 남은 임기 동안 계속 이어질 것으로 예상된다.

연예인의 성공한 부동산투자 사례는 일반인들 사이에서 화제가 된다. 소녀시대의 멤버 효연은 2012년도에 송도 주상복합아파트를 분양받았다. 분양 가격은 12억 5,000만 원. 대략 9억 원 정도의 대출을 받은 것으로 추정된다. 그 당시 공급가 대비 주택담보대출비율LTV은 약 72%로, 2012년 분양받을 때 중도금대출이 가능한 최고한도 70%까지 대출받았기 때문에 가능했다. 현재 37억 원에 매물을 내놓았다. 만약 거래가 성사된다면 투자금 3억 5,000만 원의 10배 차익을 남길 수 있다. 하지만 지금은 쉽지 않다. 대출규제로 총부채상환비율DTI과 주택담보대출비율LTV이 낮춰졌기 때문에 자본금이 넉넉하지 않은 이상 고가의 아파트는 일반인에게 넘보지 못할 대상이 되었다. 이처럼 자기자본이 부족한 일반 직장인이 부동산을 매입할 때 반드시 이용하는 것이 대출이다. 그런데 현 정부는 '8.2 부동산대책'에서 LTV와 DTI를 40%까지 강화했고, 투기과열지구 다주택자에게는 최대 30%로 더욱 강화했다.

| 부동산투자와 대출은 뗄 수 없는 관계 |

적은 종잣돈으로 내 집 마련에서부터 부동산투자까지 해야 하는데 큰돈을 하루아침에 만들 수 없기 때문에 대출의 힘을 빌리지 않을 수 없다. 하지만 막상 대출을 받아서 부동산을 매입하려고 하면 겁이 날

것이다. 빚을 내서 투자하는 것에 두려움이 있기 때문이다. 두려움은 잘 알지 못하는 것에서부터 나온다. 만약 지금의 대출규제가 없어서 소녀시대 효연처럼 9억 원의 대출을 받을 수 있다고 해도 이자를 감당하면서 매입할 수 있는 사람이 몇이나 될까? 그럼에도 이자를 감당하면서 매입할 수 있는 사람은 아마 별로 없을 것이다. 완화정책과 더불어 자신의 확고한 의지와 실천이 필요하다. 단지 운이 좋아 부동산을 매입해서 돈을 버는 사람은 극히 적다.

　나도 지난 10년 가까이 부동산투자를 하면서 빚진 날이 없진 않다. 우스갯소리로 부동산투자를 시작하면 평생 빚만 지는 인생이라고 이야기한다. 현재 보유하고 있는 다가구주택도 마찬가지다. 신축할 때 토지대출과 건물 담보대출을 최대한도로 받았다. 지금도 그 부채를 수년 동안 연장해 쓰고 있다. 해마다 대출 연장을 위해 은행을 가야 하는 번거로움은 있지만, 그럼에도 대출 없이 건물을 매입한다는 것은 어불성설이다. 어릴 적 아버지에게 귀가 닳도록 들었던 말이 '빚'과 '보증'이었다. 이 두 가지는 절대 하지 말아야 하는 것이라고 들어왔다. 하지만 시대가 바뀌었고 경험상 욕심나는 물건은 대출이라도 끌어모아서 투자해야 한다는 게 나의 지론이다. 아버지 말대로 빚지는 삶이 싫어 아무것도 하지 않고 저축만 했다면, 뛰는 집값을 따라가지 못해 건물은 고사하고 아파트 한 채도 마련하지 못했을 것이다.

　대출에는 좋은 대출과 나쁜 대출이 있다. 표현하기 나름인데, 이건 내가 정한 명칭이다. 대출이자를 누가 내는지가 중요하다. 자동차를 사거나 명품 가방을 사는 데 받는 대출은 나쁜 대출이다. 할부금이나 이자를 본인이 내야 하기 때문이다. 하지만 대출이자 이상으로 수익이 나는 부동산을 매입하는 데 받은 대출은 착한 대출이다. 본인이 아닌 임차인의 월세로 이자를 대신하기 때문이다.

| ## 건물 구매, 간편하게 vs 저렴하게 |

모든 재화가 그렇지만 완성품이 아닌 반제품으로 구입하게 되면 중간 도소매가 빠지기 때문에 그만큼 마진이 높기 마련이다. 완성된 가구보다 이케아 같은 반제품을 직접 조립해 마진을 남길 수 있다. 물론 직접 조립해야 하는 수고를 감수해야 하지만 저렴한 건 사실이다. 이 원리는 부동산에도 똑같이 적용된다.

이미 지어진 건물(구축)을 구입하는 데 있어서 까다로운 부분은 대출 승계이다. 매수자의 신용등급이나 총부채상환비율 등을 적용해 무주택자인지 확인하는데, 만약 무주택자가 아니라면 대출 승계가 되지 않아 건물을 매입하지 못하는 경우가 많다. 하지만 이에 반해 직접 토지를 매입해서 진행하거나 건축업자가 보유한 토지를 신축으로 진행되는 건에 대해서는 신규대출에 있어 좀 더 수월하다. 구축은 토지와 건물이 포함된 매매가격으로 산정하지만, 신축으로 진행되는 건은 토지와 건축물을 별도로 진행하며, 건축은 원시취득에 포함되어 취득세도 적게 들면서 대출에 있어 좀 더 자유롭다.

2020년 3월, 아파트나 구축은 주택자금조달계획서를 제출해야 하는 대상 범위가 확대되었다. 투기과열지구 내에서 3억 원이 넘는 주택을 거래할 때 제출하던 자금조달계획서를 조정대상지역 3억 원 이상, 비非규제지역은 6억 원 이상의 주택을 거래할 때도 의무적으로 계획서를 제출해야 한다.

사실상 어떤 집이든 6억 원이 넘는 집을 살 때의 규제가 강화된 것이다. 또한 앞으로 투기과열지구에서 9억 원이 넘는 주택을 거래할 때는 자금조달계획서와 이를 뒷받침하는 증빙서류를 사전에 제출해야 한다. 예를 들어 증여·상속을 통한 자금을 입증하기 위해서는 증여·상속세신고서, 납세증명서 등의 증빙서류를 함께 첨부해야 한다. 개정 전에는 자금조달계획서 제출 후 사후에 의심되는 거래만 소명자료를 추가로 제출했는데, 자금조달계획서의 제출 대상 범위뿐만 아니라 계획서상의 세부항목 또한 구체적으로 기재하도록 변경된 것이다. 변경된 양식은 다음 이미지와 같다.

하지만 토지 자체만으로 대출받는 것은 아파트나 다가구주택(구축)에 비해 좀 더 수월하다. 예를 들어 10억 원 상당의 건물에 대출이 4억 원이 설정되어 있다고 가정하면, 대출 4억 원에 대한 승계가 가능한지 은행에서 까다롭게 심사한다. 기존에 보유하고 있는 부동산에 대출금액과 신용등급 등을 종합적으로 분석하고 심사한 후 승인이 난다. 하지만 대지에 신축하는 조건으로 다가구주택을 매입하게 되면, 토지 매매가격의 70~80% 대출은 무난하게 나오는 편이다. 또 건축을 해서 건축물대장이 발행되면 추가 건축분만 신규 대출을 신청한다. 건축분에 한하여 추가로 신규 대출을 신청한다.

주택취득자금 조달 및 입주계획서

※ 색상이 어두운 난은 신청인이 적지 않으며, [ ]에는 해당되는 곳에 √표시를 합니다.　　　　　(앞쪽)

접수번호		접수일시		처리기간	
제출인 (매수인)	성명(법인명)		주민등록번호(법인·외국인등록번호)		
	주소(법인소재지)		(휴대)전화번호		

① 자금 조달계획	자기 자금	② 금융기관 예금액 　　　　　　　원	③ 주식·채권 매각대금 　　　원
		④ 증여·상속 　　　　　　　원	⑤ 현금 등 그 밖의 자금 　　　원
		[ ] 부부 [ ] 직계존비속(관계:　) [ ] 그 밖의 관계(　　　　)	[ ] 보유 현금 [ ] 그 밖의 자산(종류:　　)
		⑥ 부동산 처분대금 등 　　　원	⑦ 소계 　　　　　　원
	차입금 등	⑧ 금융기관 대출액 합계 ┃ 주택담보대출 ┃ 　원 ┃ 신용대출 ┃ 　원 　　　원 ┃ 그 밖의 대출 ┃ 　원 (대출 종류:　　)	
		기존 주택 보유 여부 (주택담보대출이 있는 경우만 기재) [ ] 미보유　　[ ] 보유 (　건)	
		⑨ 임대보증금 　　　　　원	⑩ 회사지원금·사채 　　　원
		⑪ 그 밖의 차입금 　　　원	⑫ 소계 　　　　　　원
		[ ] 부부 [ ] 직계존비속(관계:　) [ ] 그 밖의 관계(　　　　)	원
	⑬ 합계		원

⑭ 조달자금 지급방식	총 거래금액	원
	⑮ 계좌이체 금액	원
	⑯ 보증금·대출 승계 금액	원
	⑰ 현금 및 그 밖의 지급방식 금액	원.
	지급 사유 (　　　　　　　　　　)	

⑱ 입주 계획	[ ] 본인입주 [ ] 본인 외 가족입주 (입주 예정 시기:　년　월)	[ ] 임대 (전·월세)	[ ] 그 밖의 경우 (재건축 등)

「부동산 거래신고 등에 관한 법률 시행령」 제3조제1항, 같은 법 시행규칙 제2조제5항부터 제8항까지의 규정에 따라 위와 같이 주택취득자금 조달 및 입주계획서를 제출합니다.

　　　　　　　　　　　　　　　　　　　　　　　　　년　　　월　　　일

제출인　　　　　　　　　　　　　　　(서명 또는 인)

시장·군수·구청장 귀하

유의사항

1. 제출하신 주택취득자금 조달 및 입주계획서는 국세청 등 관계기관에 통보되어, 신고내역 조사 및 관련 세법에 따른 조사 시 참고자료로 활용됩니다.
2. 주택취득자금 조달 및 입주계획서(첨부서류 제출대상인 경우 첨부서류를 포함합니다)를 계약체결일부터 30일 이내에 제출하지 않거나 거짓으로 작성하는 경우 「부동산 거래신고 등에 관한 법률」 제28조제2항 또는 제3항에 따라 과태료가 부과되오니 유의하시기 바랍니다.
3. 이 서식은 부동산거래계약 신고서 접수 전에는 제출이 불가하오니 별도 제출하는 경우에는 미리 부동산거래계약 신고서의 제출여부를 신고서 제출자 또는 신고관청에 확인하시기 바랍니다.

210mm×297mm[백상지(80g/㎡) 또는 중질지(80g/㎡)]

방금 앞에서 설명했던 동일한 건물의 매매가격과 대출금도 구축과 신축에서 차이가 있다. 예를 들어 구축은 4억 원에 대한 대출 승계가 어려울 수 있지만, 신축은 토지에서 2억 5,000만 원~3억 원 정도의 대출을 받은 후 건물이 완공되면 1억 5,000만 원~2억 원 정도의 대출을 추가로 받을 수 있다. 대출금액은 4억 원으로 동일하지만, 신축으로 진행하는 경우 대출에 있어 훨씬 유리하다.

투자금은 최소화, 수익률은 최대화

대출은 부동산투자에서 절대 빠질 수 없는 지렛대 역할을 한다. 자신의 투자금액을 최소화하고 대출금액은 극대화해서 수익률을 높이는 것에 중점을 두어야 한다. 코로나19 영향으로 이미 지어진 다가구주택이 급매로 나오는 경우가 많은데, 심지어 매매가격을 시세 대비 많이 낮춰 원룸이나 투룸 전세금밖에 되지 않는 물건도 많다. 투자금액이 적게 들고 수익률은 높기 때문에 많은 분이 관심을 갖지만, 실제로는 건축 당시 받았던 대출이 승계되지 않아 인수하지 못하는 경우가 태반이다. 그만큼 부동산투자에 있어 대출이 차지하는 비중이 높다는 말이다.

15억 원 이상 하는 고가 아파트의 경우 대출이 전혀 되지 않기 때문에 자본금이 많은 투자자들 외에는 진입이 어렵다. 이처럼 대출금과 임차인이 전세보증금을 어떻게 이용하느냐가 다가구주택 매입에 있어 가장 중요한 역할을 한다. 물론 주변의 추가 공급과 관련해서 공실 여부, 임대료, 향후 지가상승은 기본적으로 확인해야 할 부분이다.

토지 위에 건물이 지어지고 추가 대출을 받았다면, 그 건물에서 최대한 수익이 나오게 하는 것이 가장 이상적이다. 대출금액이 크더라도 대출이자를 대신 납부하는 임차인이 있고, 장기간 보유하더라도 최고의 동반자인 임대수익이 있기 때문에 괜찮다는 사실을 항상 명심하자.

6장

내 인생을 바꿀
유일한 승부수

주거는 남향, 상가는 북향

　같은 단지 내 아파트에 살더라도 방향과 층수에 따라 일조권이 다르다. 저층에 살면 앞 동에 가려 해가 잘 들지 않고 동 사이 거리가 짧아도 해가 잘 들지 않는다. 아파트 저층과 고층에 살아보면서 느낀 것은, 집은 해가 잘 들고 온기가 느껴지는 집이 쾌적하고 좋다는 것이다. 우리는 이처럼 인간으로서 최소한 햇빛을 받을 수 있는 권리가 있다. 바로 일조권에 해당하는데 햇빛이 잘 들지 않으면 신체적, 정신적, 재산적으로 피해를 받을 수 있기 때문이다. 이러한 이유로 주거의 관점에서 보자면 남향을 가장 선호하며, 보통 남동향 〉 동향 〉 남서향 〉 북향 순서로 선호도가 높다. 하지만 각각의 특징이 있어 단순히 방향만 가지고 좋다고는 말할 수 없다. 미사강변도시에 분양한 한 아파트는 북향인데도 수천만 원의 프리미엄이 붙었는데, 이는 바로 한강 조망이 가능하기 때문이다.

빛이 잘 드는 집

일조권은 아파트에만 국한되지 않는다. 택지지구 내 다가구주택은 더욱 심하다. 같은 건물 내 원룸이나 투룸이라도 일조권에 따라 전세보증금이나 월세에 조금씩 차이가 있다. 신축건물이 준공되면 가장 먼저 임대가 나가는 세대는 남향을 바라보고 있는 세대다. 건물주 입장에서는 공실 없이 임대가 잘 맞춰지면 좋고, 임차인 입장에서도 햇빛이 잘 드는 집은 쾌적해서 선호한다.

전용주거지역과 일반주거지역 안에서 건축할 때 인접한 건축물과의 일조권을 확보하기 위하여 건물 높이에 제한을 한다. 건물의 높이에 따라 정북 방향의 인접대지경계선으로부터 일정 거리 이상을 띄어 건축하게 되어있다. 따라서 구도심에서 건축하려고 토지를 알아볼 때 일조권 영향을 최소로 받는 북측도로와 접한 토지가 좋다.

건축법 시행령에 따르면 높이 9m 이하인 부분은 1.5m 이상을 띄어야 하고, 높이 9m를 초과하는 부분은 해당 건축물 각 부분 높이의 2분의 1 이상 인접대지경계선으로부터 떨어져야 한다. 보통 3층 이하로 건축되는 주거전용주택은 일조권 사선제한이 적용되지 않지만, 1층 필로티 구조로 2~4층을 주택으로 건축한 원룸건물이나 4층 이상의 다중주택, 상가주택이라면 반드시 참고해야 한다. 건축물 높이가 9m를 초과하기 때문이다. 택지지구 내 좋은 위치의 토지를 매입함에 있어 '일조권 사선제한'과 토지 모양을 미리 확인하고 가도면을 그려보면서 사업성과 수익성을 동시에 확인해야 한다.

구도심과 달리 택지지구에서는 택지지구의 조례에 의하여 정남 방향의 인접대지경계선으로부터 떨어져야 한다고 규정되어 있다. 물론 택지지구마다 일조권 관련 기준은 다르다.

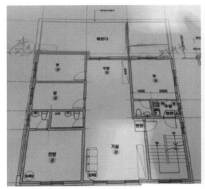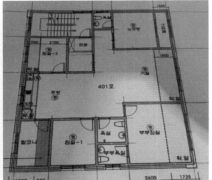

위의 사진을 보면 일조권을 적용받아 4층 일부를 베란다로 구성했다. 일조권에 따라 건물 외관은 물론 내부 구조까지 달라진다. 또 베란다의 유무에 따라 동일한 평수(4층에 해당)에서 방의 구조가 확연히 달라지는 것을 볼 수 있다.

상가는 북향이 좋다

상가주택(점포겸용주택)의 주 수입원은 1층 상가의 임대료다. 이에 따라 건물 가격이 달라지며 가치도 달라진다. 주거의 관점이 아닌 오피스텔과 상가의 관점에서 보면 어떨까? 오히려 상가와 음식점은 북향을 선호한다. 남향 상가보다 북향 상가의 매출이 더 높다. 남향 상가는 해가 잘 들어 상품이 변질되기 쉬운 반면, 북향 상가는 해가 덜 들기 때문에 진열된 상품이 조명을 잘 받아 상품의 전시 효과도 뛰어나다.

주거 목적인 주택은 냉난방비 및 전기료 절감이 되는 남향을 선호하지만, 임대수입이 목적인 상가는 토지 가격이 상대적으로 저렴한 북향을 선호한다. 토지 가격이 저렴하다는 것은 수익률이 올라간다는 것이다. 실제로 북향 건물의 시세가 남향 건물보다 5% 정도 높은 편이다. 다시 말해 상가를 넣을 수 있는 점포겸용주택은 대로변의 북향이 유리하고, 전용 주거시설만 가능한 3층 다가구주택은 시끄러운 대로변보다는 조용한 안쪽의 남향 필지가 유리하다는 것을 명심하자.

예비 건물주가 되기 위한 절차

　모든 음식에는 그에 걸맞은 재료가 필요하듯, 건물주가 되기 위해서도 기본 부동산 지식과 관련 서류 등을 볼 줄 알아야 하고 주택의 종류와 장단점을 구분할 수 있는 안목이 있어야 한다. 더 나아가 공실의 위험은 없는지, 수익률은 얼마 정도 예상되는지를 가늠할 수 있고 판단할 수 있는 자신만의 확신이 있어야 한다. 우선 건물주가 되기 위해서는 토지가 있어야 한다. 구도심의 경우 오래된 구옥을 구입해서 철거 후 토지를 보유하는 방법도 있고, 빈 땅을 사는 방법도 있다. 하지만 LH주택공사에서 진행하는 택지지구 내 단독주택용지를 분양 또는 매매하는 것이 훨씬 쉽고 저렴하게 구입할 수 있는 방법이다.

　　LH주택공사 홈페이지에 공인인증서로 로그인하고 들어가면 전국
택지지구별로 분양하는 안내가 나온다. 해당 지역에 '일반 실수요자
대상 택지 분양'에 들어가면 실시간으로 해당 필지에 몇 명이 신청했
는지도 알 수 있다. LH주택공사에서 진행하는 분양은 당첨이 안 될 시
계약금은 일주일 내로 반환해 준다. 평상시에 계약금을 송금할 수 있

는 여윳돈과 공인인증서 로그인을 할 수 있는 조건들을 준비를 해두는 것이 좋다. 한 가지 팁을 드리자면, 추첨 분양 마감 시간 몇 분을 남겨놓고 가장 경쟁이 낮은 곳을 지원해 봐라. 확률 게임이긴 하지만 당첨될 확률은 훨씬 높아진다. 물론 대로변이나 코너에 위치한 필지는 경쟁이 치열하다. 만약 당첨이 된다면 몇억 원짜리 로또에 당첨되는 것과 같다. 이밖에도 수의계약 대상 토지가 있는데, 이 땅은 선착순으로 계약금을 내면 소유할 수 있다. 물론 옥석을 구분할 수 있는 능력이 있어야 하며, 남들이 보지 못하는 이런 땅을 분양금액 그대로 가져오는 것도 매력적인 투자방법이다.

토지는 먼저 구매할수록 유리하다

앞서 설명했던 것처럼 택지지구 내 토지는 목돈이 나가지 않기 때문에 소액으로 계약금 또는 1차 중도금만 넣고 기다릴 수 있다. 물론 여유가 되면 6개월마다 돌아오는 회차에 맞춰 중도금을 납부해도 되고, 대출을 신청해서 회차에 도래되는 대출금에 대한 이자만 납부해도 좋다. 당장 임대수익을 받을 수 있는 건물은 없더라도 이처럼 어떤 형태로든 토지를 구입했다면 향후에 자금 사정에 맞게 건물을 올리면 된다. 토지만 사도 건물주가 되는 발판은 마련되었다고 보면 된다. 물가상승률 이상으로 오르는 토지는 마냥 기다릴 수 없기 때문에 미리 사두어야 한다. 물론 건축비도 매년 물가상승률 못지않게 오르지만,

둘 다 만족할 수 없기 때문에 토지만이라도 내 소유로 만드는 게 우선이다.

택지지구 내 토지는 다른 토지와 달리 잔금을 미리 냈다고 하더라도 소유권을 이전할 수 없다. 택지지구가 아닌 다른 토지는 잔금 납부후 소유권이전 등기가 가능하다. 하지만 택지지구는 LH주택공사에서 사업을 진행하면서 기반 시설 등을 마련하기 때문에 토목 준공 등의 공사가 마무리되지 않았다면 분양받은 개인 토지주에게 소유권을 넘겨주지 못한다. 다시 말해서 대출을 받든 자신의 돈으로 잔금을 납부했든 상관없이 소유권은 여전히 LH주택공사에게 있다는 말이다. 또한, 지역마다 소유권이 넘어오는 시기가 각각 다르다.

그런데 토지 소유권을 넘겨받지 못한다면 건축을 할 수 없을까? 그렇지 않다. 아직 등기가 안 된 상태이기 때문에 서류상 LH주택공사 소유로 되어있지만, LH주택공사로부터 '토지사용승낙서'를 받아 건축주가 자신이라는 사실이 확인된다면 건축에 들어갈 수 있다. 물론 잔금을 납부하지 않았다면 LH주택공사에서는 토지사용승낙서를 발급하지 않는다.

이렇게 해서 토지를 소유하게 되었다면 이제 남은 건 건축이다. 건축하기 위해서는 적지 않은 돈이 필요하다. 건축에 필요한 비용을 감당할 만한 사람은 그리 많지 않다. 하지만 포기하기에는 이르다. 다가구주택의 임대수요가 많은 지역에서는 건축업자들의 건축 조건이 생각 이상으로 좋기 때문이다. 자세한 내용은 뒤에서 이어가도록 하겠다.

상황별·금액별
투자기법 총정리

    같은 직장에 다니고 같은 직책에 같은 연봉을 받아도 가치는 전부 다르다. 이는 가정마다 상황이나 환경이 다르기 때문이다. 부동산투자에 있어서도 안정성을 추구하는 사람이 있고, 공격적인 성향을 가진 사람이 있다. 하지만 결국 불안한 미래와 노후를 위해 준비한다는 점은 똑같다.

    임대수익이 주목적인 수익형부동산의 종류는 다양하며 매매가격도 차이가 크다. 따라서 투자자의 연령이나 성향, 상황에 따라 투자상품의 종류 및 지역이 달라질 수 있다. 매월 안정적인 임대수익이 목적인 분도 있고, 시세차익을 비중을 두는 분도 있고, 이 두 가지를 모두 염두에 두고 투자를 고려하는 분도 있다. 물론 투자자의 성향에 따라 투자의 콘셉트가 바뀌지만 여기서 중요한 것은 자금 여력에 따라 지역과 투자상품이 달라진다는 사실이다. 초보 투자자들이 수익형부동산에 투자할 때 융통 가능한 금액은 보통 5,000만 원에서 1억 원 전후다. 물론 여유자금이 충분해서 서울에 투자하면 좋겠지만 수도권에도 괜찮은 투자처는 충분히 있다.

일반 직장인이 한 달에 100만 원 모으기란 쉽지 않지만, 매월 100만 원씩 4년을 모았다고 한다면 5,000만 원의 투자금액이 생긴다. 투자금액별로 1억 원 이하, 2~3억 원, 3~5억 원짜리 상품으로 구분할 수 있다. 투자금액은 대출 비중과 전세보증금을 얼마나 이용하느냐에 달려 있다. 물론 투자금액의 여유가 있으면 월세는 그만큼 늘어난다. 앞에서도 말했지만 1억 원 이하의 소액으로도 얼마든지 다가구주택을 소유할 수 있다. 지금처럼 다주택자에 대한 보유세가 늘어나고 있는 상황에 급매로 나온 물건을 잡는 방법이 있고, 건축업자가 취등록세와 양도세를 줄이기 위해 짓고 있는 건물을 건축주 명의변경으로 구입하는 방법이 있다. 단독주택부지를 보유하고 있다면 다가구주택을 건축해서 임대하여 임대수익을 얻는 방법도 있다. 또 노후화된 다가구주택을 매입해 일부를 보수하거나 리모델링하여 보유하는 방법도 있다. 리모델링을 하게 되면 신축에 비해 초기 투자비용이 적게 들어가서 좋고, 리모델링한 후 보유하다가 추가 자금이 생길 때 신축하는 것도 괜찮은 방법이다.

"5,000만 원으로 무슨 부동산 투자야…"

일반적으로 5,000만 원으로는 다중주택이나 다가구주택의 투자가 불가능할 것이라고 생각한다. 임대수익과 자산 가치상승을 기대하고 싶지만 자금은 부족하고 그렇다고 지방에 투자하기에는 다소 불안하다. 그래서 보통 투자하는 게 오피스텔이나 '분양형 호텔'이다. 하지만 오피스텔은 매매가격 상승에 제한이 따르며, 자칫 자산 가치가 하락할 우려가 있다. 분양형 호텔은 환금성이 어렵고 보통 하나의 호텔 객실을 분양받으려면 1억 원 중반의 투자금액이 필요하다. 또한 분양시장에서 허위 과대광고가 가장 많은 분야라는 것을 명심하자. 무턱대고 투자하기보다는 주변의 경쟁 상품과 임대수요를 체크해야 하기 때문에 추천하고 싶지는 않다.

구옥이 되었든 신축이 되었든 5,000만 원으로도 충분히 3층짜리 다가구주택을 매입할 수 있다. 나 역시 처음 3층 다가구주택(신축)을 매입할 때 투자했던 금액은 5,000만 원이었다. 이런 물건은 지금도 종종 나온다. 다만 찾지 못할 뿐이다. 물론 취등록세 비용은 별도다. 최근에 접한 물건 하나는 준공된 지 2년 된 3층짜리 다가구주택이었는데, 매매가격이 8억 9,000만 원이었다. 대출은 3억 5,000만 원이고 전세보증금은 5억 원이다. 투자금액은 4,000만 원이다. 월세 141만 원이 나오니까 대출이자 110만 원을 내고도 31만 원이 남는다. 4,000만 원을 은행에 맡겨만 두었다고 해보자. 1년 이자는 고작 6~7만 원 수준이다. 은행에 넣어두면 안전은 하겠지만, 화폐의 가치하락과 인플레이션으로 4,000만 원은 10년 후 3,000만 원 수준밖에 안 될 것이다. 이에 반해 대지 80평을 깔고 앉은 다가구주택을 매입하면, 9억 원이 안 되었던 건물 매매가격이 10년 후 9억 원 중반 이상의 시세를 형성하게 된다. 그리고 전세보증금은 올라 한 세대를 월세로 바꿀 수 있는 현금흐름까지 발생한다.

또 하나, 신축하는 조건으로 진행되는 물건도 있다. 대지평수는 74평으로 매매가격은 9억 원이다. 대출은 3억 5,000만 원, 전세보증금은 4억 5,000만 원 예상한다. 그렇다면 투자금액은 1억 원이다. 월세는 198만 원으로 수익률은 9.8%다. 물론 아직 준공은 안 났고 골조가 끝난 상태다. 이밖에도 1억 원 미만의 투자금액으로 3층 다가구주택을 매입할 수 있는 기회는 많다. 지역도 지방이 아닌 수도권이다. 위의 사례와 같이 전세보증금과 대출을 이용하면 1억 원 미만의 금액으로도 알짜배기 투자가 가능하다. 매달 소액이지만 안정적인 월세를 받아본 사람은 그 안정적인 임대수익의 맛을 잊지 못할 것이다.

두 번째는 2~3억 원으로 투자 가능한 다가구주택이다. 이 정도 금액이면 1억 원 정도의 오피스텔이나 빌라를 여러 채 매입해서 임대수익을 생각하는 분도 있다. 하지만 지역이 다른 여러 건물을 관리하기가 쉽지 않기 때문에 좋은 입지에 건물 하나를 매입하는 것을 추천한다. 2~3억 원은 분명 적지 않은 금액이지만 또 한편으로는 애매한 금액일 수 있다. 앞에서 이야기했던 물건을 2~3억 원으로 투자하면 전세보증금이 줄면서 월세는 늘어나게 된다. 앞에서 설명했던 8억 9,000만 원 건물은 투자금액이 2억 1,000만 원이 되면 월세는 141만 원에서 325만 원으로 181만 원이 늘게 된다. 웬만한 직장인 월급이다. 건축업자가 신축하는 조건으로 매입하는 9억 원 건물 역시 마찬가지다. 투자금액이 2억 2,500만 원이 되면 월세는 198만 원에서 315만 원으로 117만 원이 늘어난다. 이런 건물 하나만 있어도 기본적인 생활비는 해결된다. 그러므로 투자금액이 적다고 주저하지 말고 주저할 시간에 물건을 찾아보길 바란다.

이밖에 초등학교와 마주하고 4차선에 접한 다중주택도 있다. 1층에 상가가 들어가고 2~4층에 원룸이 15개다. 다중주택이라 주차대수는 3대만으로도 가능하다. 이 물건 역시 3억 원이 안 되는 금액으로 월세가 375만 원 나온다. 수익률은 9.3%다. 또 다른 택지지구 내 상가주택을 보자. 매매가격은 9억 5,000만 원으로 투자금액은 2억 6,900만 원이다. 수익률은 9.8%다. 현재 공동 투자한 물건인데 서로 의견이 안맞아 급하게 나온 물건으로, 이 역시 매매가격은 저렴하고 향후 가치는 높아 3억 원 이하로도 충분히 매입이 가능하다.

세 번째는 3~5억 원으로 투자 가능한 4층 상가주택이다. 아파트나 상업용지와 마주하는 대지 85평 이상의 건물로 4차선과 마주하는 건물들이다. 이면도로에 있는 건물과 달리 1층 상가를 3개나 4개로 분리해서 임대할 수 있어 임대료가 더욱 높다. 현재 이 건물에서는 1층 상가에서만 월세가 440만 원이 나온다. 매매가격은 18억 원, 투자금액은 5억 원이다. 대출이자 160만 원을 제하고도 1층 상가에서만 280만 원이 생긴다.

같은 평수라도 수억 원 차이나는 '개별성'

다가구주택(상가주택) 투자 포인트 중 하나는 개별성과 개별가격이다. 다가구주택은 아파트와 다르게 입지와 위치에 따라 동별 개별성이 강하다. 이는 토지 가격에서 차이가 나기 때문이다. 동일한 평수라고 하더라도 이면도로인지, 코너인지, 대로변에 접했는지에 따라 토지 프리미엄이 적게는 수천만 원에서 수억 원까지 차이가 난다. 또 주거상품으로서 교통, 생활편의시설, 학교 등의 조건을 갖추고 있어야 한다.

구도심의 다가구주택을 매입해서 임대수익을 올리는 방법도 있지만, 이 방법으로 당장 높은 임대수익을 기대하기는 힘들다. 하지만 안전성과 자산 가치상승이 크다는 관점에서는 좋은 방법이라고 할 수 있다. 또, 택지지구나 신도시 개발 초기에 택지를 매입해 신축하는 방법도 좋다. 다가구주택은 입지하는 곳이 서울인지, 수도권인지, 지방인지에 따라 가격이 천차만별로 달라지기 때문에 지역적 특성을 파악하고 투자해야 한다.

지금까지 투자금액에 따른 건물들을 알아보았다. 당연한 말이겠지만, 수익형부동산에서 가장 중요한 것은 수익률이다. 10% 수익률이 나오는 건물을 소액으로 투자해서 4% 대출이자를 내고도 6% 이상의 순수익이 발생한다면 답은 하나다. 장기 보유하는 것이다. 그리고 보유하는 동안에도 자산의 가치는 상승하게 된다. 지금처럼 저금리에 부동산을 급하게 팔 이유도 없다. 자신의 투자금액에 맞게 건물을 매입해서 느긋한 마음으로 건물 한 채를 보유하면, 임대수익과 자산 가치를 동시에 누릴 수 있다.

택지에 투자하기 전 꼭 알아야 하는 것

우리가 흔히 빌라라고 불리는 주택은 정확히 말하자면 다세대주택에 해당한다. 하지만 외국에서는 시골의 저택, 교외의 별장이나 별장식 주택과 같은 교외 주택을 이르는 말이다. 이렇게 같은 용어라도 나라마다 가리키는 의미가 다르기 때문에 택지지구 내 다가구주택에 투자하기 전에 용어부터 정확하게 알고 있어야 한다. 그렇다면 대략적으로 그 내용을 설명하겠다.

필수1 다가구주택과 다세대주택을 구분할 수 있어야 한다

겉으로 보기에 비슷한 다가구주택과 다세대주택에는 어떤 차이점이 있을까? 다가구주택은 구분등기가 되지 않으며 건물 주인은 한 명인 '단독주택'에 해당된다. 반면 다세대주택은 구분등기가 되어 호실마다 각각 주인이 있는 '공동주택'에 해당된다. 다중주택은 단독주택에 해당하며, 여러 사람이 장기간 거주할 수 있게 만든 독립된 주거 형태를 갖추고 있다. 또한, 주차장 규제가 다가구주택에 비해 까다롭지 않아서 면적이 좁은 토지를 활용하기 좋다. 고시원과 달리 소방시설을 갖출 의무는 없으며, 화장실 및 세면 시설 설치도 가능하다. 다가구주택 대비 주차시설 관련 면적이 적게 필요해서 효율적이다. 하지만 3층 높이에 연면적 100평(330㎡) 이하까지만 건축할 수 있다.

필수2 건폐율과 용적률, 대지지분에 대해 정의를 내릴 수 있어야 한다

건폐율은 건축면적의 대지면적에 대한 비율로, 대지 안에 얼마만큼의 면적으로 건물을 건축할 수 있는지를 나타낸다. 건폐율이 높을수록 토지 활용도가 높기 때문에 가격도 비싸다. 예를 들어 100평의 대지에 건폐율 60%면 60평이 바닥면적이 된다. 녹지지역의 경우 건폐율은 20%로 100평의 대지라면 바닥면적을 20평밖에 활용할 수가 없다. 이것만 알아도 녹지지역을 비싼 가격에 사는 피해는 보지 않을 것이다. 지방 한적한 도로의 주차장이 넓은 식당들을 보면 쉽게 이해가 될 것이다. 용적률은 대지면적에 대한 지상 건축물 연면적의 비율로, 정해진 대지에 얼마나 높게 건물을 올릴 수 있느냐를 의미한다. 강남 테헤란로의 높은 빌딩 숲처럼 대형빌딩 건축이 가능한 이유는 용적률이 900~1,500%이기 때문이다. 반면 택지지구 내 다가구주택 용적률은 150~180%다. 대지지분은 해당 건물의 대지 중에 자신이 소유한 땅의 지분에 해당된다. 동일한 피자 조각을 20조각으로 나눈 것과 4조각으로 나눈 개념으로 이해하면 쉽다. 아파트나 오피스텔 등 집합건물은 대지지분이 몇 평 안 되기 때문에 좋은 투자방법이라고 할 수 없다.

｜ 필수3 건축물대장을 볼 줄 알아야 한다 ｜

개인의 신원을 알 수 있는 주민등록증이 있듯이 부동산에서도 대표적인 여섯 가지의 공적 장부가 있다. 등기부등본, 건축물대장, 토지이용계획확인서, 토지대장(임야대장), 지적도(임야도), 개별공시지가확인원이다. 여기서 일일이 설명하기는 힘들고, 대표적으로 건축물대장만 알아보자. 건축물대장은 일반건축물대장과 집합건축물대장으로 구분되며, 건축물의 주소, 대지면적, 연면적, 건축면적, 층수, 건폐율, 용적률, 층별 구조, 소유자 현황, 승강기, 위반건축물 등 건축물에 대한 정보가 기재된다. 건축물대장만 제대로 볼 줄 알아도 구매 여부는 물론, 리모델링을 해야 할지도 판단할 수 있다.

필수4 이주자택지와 협의자택지를
구분할 수 있어야 한다

보통 신도시나 택지지구를 개발할 때 도시지역 인근에 있는 녹지지역을 개발하게 된다. 이런 경우, 보통 그 지역에 거주하고 있는 원주민들과 토지를 소유한 지주들이 있다. 신도시(택지지구)를 개발하기 위해 원주민들과 지주들에게 보상을 해주고 수용을 하게 된다. 주민 의견 청취 및 공람회 등의 절차를 통하여 보상방법에 대해 논의하고 개발계획을 의논하게 되는데, 이 절차가 10년 정도 걸린다. 사업이 진행되면서 생활권과 재산권을 침해당한 원주민들에게 단독주택필지(70~80평)로 택지를 분양받을 수 있는 권리를 준다. 여기서 원주민과 토지주인들에게 보상해 주는 택지가 달라진다. 해당 지역 내에서 공람공고 1년 전부터 거주하던 주택 소유자에게 공급하는 택지가 이주자택지와 협의자택지다. 원주민들은 조성원가의 70~80% 선에서 이주자택지를 분양받게 된다. 이주자택지는 1층에 상가를 넣을 수 있는 3~4층짜리 건물을 건축할 수 있다. 또한 생활대책용지로 약 8평 정도의 상가용지를 감정가격에 분양받을 수 있는 권한도 갖게 된다. 협의자택지는 그 지역에 토지를 보유하고 있는 지주들에게 일정 면적(1,000㎡) 이상의 토지 소유자들에게 협의를 통하여 LH주택공사에 양도하는 경우 분양하는 택지를 말한다. 협의자택지의 경우 분양 가격 기준이 조성원가다 보니 이주자택지보다 비싸며, 이주자택지와 다르게 상가는 넣을 수 없고 주택으로만 구성해야 한다. 물론 층수와 가구수도 지역에 따라 다르게 정해진다. 여기서 가장 중요한 점은 이주자택지의 경우 1회에 한하여 전매가 가능한 반면, 협의자택지의 경우 잔금을 완납하고 소유권을 이전하기 전까지는 전매가 불가능하지만 동일 금액 이하로 거래가 되고 있다는 것이다. 이주자택지의 경우 기본 1억 원 이상의 프리미엄이 붙는다. 내가 알고 있는 지인 중 한 분은 프리미엄이 2,000~3,000만 원일 때 주거전용단독주택필지 5개를 매입해, 2년 가까이 중도금을 연체시키면서 한 필지당 1억 원에 가까운 프리미엄이 오를 때까지 기다렸다가 매매하였다.

필수5 수익률을 계산할 수 있어야 한다

수익률은 1년간의 현금흐름을 실제 투자금액으로 나눈 것이다. 즉, 자신의 투자금액 대비 1년간 들어오는 수입을 일반 수익률이라고 볼 수 있다. 주택에는 전세, 월세, 반전세가 있다. 물론 상가도 보증금이 있다. 월세를 제때 납부하지 못하거나 훼손 시 보상금의 용도로 받는다. 예를 들어 10억 원짜리 원룸건물이 보증금 3억 원에 월 임대료가 400만 원이라면, 연간 현금흐름은 400만 원 곱하기 12개월이므로

4,800만 원이 된다. 실 투자금액은 매매가 10억, 보증금 3억 원이므로 7억 원이다. 그래서 4,800만을 7억으로 나누면 이 원룸건물의 수익률은 6.8%이다. 좀 더 디테일하게 수익률을 계산하자면, 건물을 매입할 당시 들어갔던 취등록세 비용과 중개수수료 등을 넣기도 하지만 기본 수익률에서는 보통 제외시킨다. 기본 수익률은 매매가격에서 보증금을 뺀 금액을 실제 투자금액으로 나누면 된다. 여기에 대출금액이 포함되면 복합 수익률로 계산되며 수익률은 더 높아진다. 부동산은 높은 재화로 대출을 이용해서 매입하기 때문에 보통 복합 수익률로 계산한다.

필수6 택지지구 토지 분양 시
납부 방법(회차)에 대해 알고 있어야 한다

택지지구 내 필지들은 분양가의 10%를 납부하고 6개월 후에 1회차 중도금 10%를 납부하게 되어있다. 나머지 80%는 대출이 가능하다. 택지개발지구 안의 토지들은 각각 토지 사용 시기가 다르며, 사용 시기가 많이 남은 토지일수록 등기가 없는 분양권 상태로 좀 더 보유할 수 있기 때문에 프리미엄이 붙는 상승폭이 높아 매력적이다. 하지만 토지 사용 시기가 얼마 남지 않은 토지라고 해서 매력적이지 않다고 볼 수는 없다. 여기서 중요한 것은 투자가치가 높고 투자금액이 얼마나 적게 들어가느냐다. 목돈이 한꺼번에 필요하지 않기 때문에 택지지구 안 단독주택용지뿐만 아니라 주차장용지, 근린생활시설용지, 상업용지도 좀 더 적은 금액으로 투자가 가능하다.

| 필수7 위반건축물을 구분할 줄 알아야 한다 |

다가구주택은 가구수가 많기 때문에 위반건축물의 종류와 내용을 구분할 줄 알아야 한다. 계약이 취소되거나 계약 후 분쟁이 생겨 논란이 많기 때문이다. 위반건축물은 주로 베란다 증축을 위한 패널 제작과 새시 설치로 일조권이나 도로사선을 침범하는 경우가 해당한다. 또한 법정 허용 가구수를 초과하는 경우와 제2종 근린생활시설을 주택으로 개조하는 경우도 있다. 이 모든 것이 수익률과 직결되기 때문에 준공 후 끊임없이 논란이 발생한다. 위반건축물은 건축물대장에 별도 표기가 되며 건축물대장에서의 허가 세대수와 현장에서 실제 사용하고 있는 세대수가 일치하는지 확인하는 방법이 있다. 건축물대장에 기재되어 있는 용도와 다른 용도로 사용해 시정 명령을 받고 이행하지 않으면 위반건축물에 등재되고 이행강제금이 부과된다. 이행강제금은 2회의 시정 명령 후 연 2회까지 부과할 수 있다. 이 경우 예전에는 최대 5회까지만 납부하면 이행강제금이 더는 나오지 않았지만, 최근에 원상 복구할 때까지 부과하는 것으로 바뀌었다.

죽어라 일해서 월 200···
월급노예 탈출하기 _____

    자신이 다니는 직장의 근속연수가 길어지다 보면 새로운 변화가 간절해질 때가 있다. 월급은 그대로인데 아이들 학원비는 늘고, 직장 상사의 고달픈 삶이 자신의 미래일 것 같은 생각이 들면 더더욱 그렇다. 내가 남들이 부러워하는 대기업을 탈출한 이유 역시 마찬가지다. 또래 친구들에 비해 연봉이 조금 높을 수는 있겠지만 직장인은 어디까지나 직장인이다. 매일 반복되는 일상과 수동적인 삶에서부터 시간적·경제적 자유를 찾아 온전히 자신만의 삶을 누리고 싶다는 마음은 대한민국, 아니 전 세계 직장인 모두가 갖는 꿈일 것이다. 똑같은 일을 해도 어떤 마음가짐으로 임하느냐에 따라 만족도와 성과는 달라진다. 지금 다니는 직장 월급에 준하는 수입이 추가로 발생한다면, 좀 더 부담 없이 편안한 마음으로 직장 생활을 할 수 있을 것이다.

나는 한 회사를 18년 동안 다녔지만 남은 거라곤 달랑 아파트 한 채였다. 그렇다고 서울의 20억 원씩 하는 고가 아파트도 아니었다. 잘못된 투자로 많은 수업료를 낸 것도 사실이지만, 직장을 10년 더 다닌다고 해서 확실하게 지금보다 더 나아지리란 확신도 없었다. 퇴직금으로 사업을 할 정도로 사업 수완이 있던 것도 아니고, 그렇다고 어떤 재주가 있어 직장 월급 외에 따로 수입을 만들 수 있는 것도 아니었다. 재산이라곤 아파트 한 채와 몇 개월 생활할 수 있는 생활비 정도뿐이었다. 물론 보너스(?)로 아파트 대출도 있었다. 잘못된 투자로 경제적인 고통을 겪으면서 끝없는 불안과 두려움이 엄습했다. 하지만 이제는 알게 되었다. 진짜 무서운 것은 실패로 인한 두려움 때문에 수익률나는 부동산을 놓치는 것이다. 아마 몇 번의 잘못된 투자로 부동산을 두 번 다시 하지 않겠다고 다짐했다면 지금의 자리는 올 수 없었을 것이다. 나는 남들이 아파트에 투자할 때 모두가 뜯어말린 다가구주택에 투자해서 임대수익을 만들고 비로소 경제적 자유를 얻었다.

절약과 저축의 시대는 저물었다

안 먹고, 안 입고, 근검절약하고 저축한다고 해서 살림이 나아지는 것이 아니다. 관점을 바꾸고 실행에 옮길 수 있는 간절함과 절박함이 따라야 한다. 옛 직장 동료나 동기들을 보면 대기업에 다닌다는 이유로 자신의 생활에 안주하며 그냥 물 흐르듯 사는 사람이 많다. 하지만 이것은 아주 위험한 마음가짐이다. 미래는 언제 어떻게 될지 모르기 때문이다. 갑자기 회사가 부도가 나거나 큰 병이 걸린다면 지금처럼 직장 생활을 할 수 있다고 생각하는가. 자신이 살고 있는 아파트를 포함해서 돈이 나오지 않는 주택은 주택이 아니라는 사실을 염두에 두어야 한다.

현 정부는 다주택자들을 투기로 보는 경향이 강하다. 아파트 두세 채만 가지고 있어도 무슨 범법자라도 된 것처럼 취급한다. 주택을 세 채 가지고 있는 사람이 네 번째 주택을 구입할 때 내는 취득세가 예전에 비해 4배 가까이 늘었다. 단일 세율이 적용되었던 6억 원 초과, 9억 원 이하 주택 취득세율도 취득가액에 따라 세분화된다. '지방세법 일부 개정안'이 변경되면서 4주택자 이상 다주택 세대의 주택 취득세율을 1~3%에서 4% 올린 것이다. 바뀐 세법으로 예를 들면 3주택자가 6억 원짜리 아파트 한 채를 추가로 매입할 경우, 예전에는 취득세가 600만 원(1%)이었다면 이제는 2,400만 원(4%)으로 늘어난 것이다. 취득세뿐만 아니라 보유하는 동안 내야 하는 재산세부터 종합부동산세, 양도세 또한 만만치 않다. 다주택자 양도세 중과세 제도 도입으로 인하여 2주택자부터는 기본 세율 외에 10%, 3주택 이상은 20%의 가산세를 부과한다(조정대상지역에 한함).

바뀐 세법 개정으로 인해 이제 평범한 아파트투자로 돈을 버는 것은 쉽지 않은 느낌이다. 그렇다면 정말 대안이 없을까? 현 정부가 이처럼 집을 늘리는 것에 대해 강경한 정책을 쏟아내는데, 굳이 역행하는 투자를 할 필요는 없다. 수익형부동산의 종류는 다양하다. 투자는 아파트뿐이라는 생각을 잠시 접고 다른 관점으로 대안을 모색할 필요가 있다.

높은 취득세를 내가며 여러 채의 아파트를 보유하기보다는 임대수입이 많이 나오는 다가구주택 하나에 집중하자. 아파트를 사서 시세차익을 노리는 투자는 이제 접어야 하는 시기가 왔다. 현 정부 정책은 쉽게 말해서 아파트로 투기하지 말라는 일안으로 지속적인 규제정책을 펼치고 있다. 하지만 이런 상황에도 해법은 있기 마련이다. 정부에서 보는 다주택자가 아닌 다가구주택은 단독주택으로 여러 면에서 세금 등을 피해갈 수 있다. 하지만 다주택자가 누리는 혜택은 똑같이 누릴 수 있다. 넓은 대지평수를 확보하게 되며 여러 가구에서 임대수입도 얻을 수 있다. 물론 조건은 있다. 부동산은 지역성과 개별성이 강하기 때문에 해당 다가구주택이 인플레이션과 금리 이상으로 꾸준히 오를 지역이어야 한다. 그래서 수도권을 제외한 지방은 위험하다고 보는 것이다.

누가 먼저 경제적 자유를 얻을 것인가

다가구주택은 수익형부동산으로 수익률이 매매가격을 뒷받침해준다. 전세보증금이 오르거나 월세가 올랐다면 해당 건물의 수익률이 올라가면서 매매가격도 함께 올라가게 된다. 상가주택의 1층 상가에서 월세 100만 원이 올랐다면 건물 매매가격이 1억 원 정도 올랐다고 보면 된다. 앞에서 계속 언급한 것처럼 다가구주택은 여러 가구의 보증금을 활용하여 자신의 투자금액을 최소화할 수 있다. 종잣돈이 생기는 대로 월세 전환도 가능하다. 보통 5%의 월세 전환이 가능하다. 반대로 돈이 필요하면 월세를 전세로 전환하여 유용하게 사용할 수도 있다.

다가구주택을 추천하는 이유는 투자금액이 부족하면 부족한 대로 여러 가구를 전세로 놓아 지렛대로 이용할 수 있기 때문이다. 무엇보다 중요한 것은 이자가 나가지 않는다는 점이다. 더불어 80평 내외의 대지를 확보하게 되는 것이 가장 큰 메리트라고 볼 수 있다. 입지를 잘 선정하면 매년 물가상승률 이상으로 매매가격은 상승한다. 이러한 이유로 투자금액이 적은 직장인들에게 다가구주택(다중주택)은 가장 매력적인 투자수단이다.

하루빨리 경제적 자유를 얻기 위해서는 총자산을 늘리는 것보다 매달 얼마의 수입이 들어오는지에 초점을 맞추어야 한다. 10억 원이라는 큰돈을 가지고 있더라도 통장에만 넣어놓는다면 매달 150만 원 정도의 수입이 들어올 뿐이지만, 10억 원의 3분의 1로 다가구주택을 산다면 훨씬 적은 투자금액으로 은행에서 받는 돈보다 훨씬 큰 수익을 만들 수 있다. 은행에 돈을 맡겨봐야 인플레이션으로 인해 원금의 가치만 떨어질 뿐이다. 다가구주택은 지속적인 자산 가치상승, 수익률, 월세 이 세 가지가 물가상승에 맞춰 상승하며 온전히 내 것이 된다.

매달 내 시간 없이 노동의 대가로 받는 월 200만 원도 물론 소중하다. 하지만 시간적·경제적으로 자유롭게 해주는 다가구주택으로 더 나은 가치를 하루빨리 만들었으면 하는 마음이다. 두려운 마음으로 퇴직을 기다리는 게 아니라 돈과 시간으로부터 자유로운 마음으로 정년을 준비할 수 있다.

대출금액보다 수익률과 공실률을 두려워하라

부동산은 타 재화와 달리 높은 재화로 일반 직장인은 물론 여력이 있는 투자자라고 하더라도 순수 자기자본으로 매입하기에는 어려운 점이 있다. 이 때문에 금융권의 대출, 즉 지렛대 효과를 이용해 부동산을 구입한다. 대출을 이용하는 것은 비단 투자에만 해당하는 것은 아니다. 원룸 하나를 얻을 때도 순수 자기자본으로 얻지 않는다. 전세자금대출을 이용해 자신의 필요 금액을 최소화한다. 저금리로 대출을 받으면 금융이자가 월세 내는 금액보다 훨씬 적게 나가기 때문이다. 원룸 하나라고 쳐보자. 월세를 낸다면 최소 보증금 500만 원에 월세 40만 원이다. 하지만 전세자금대출을 받는다면 내 돈은 1,000만 원만 넣고 나머지 4,000만 원을 대출받아 한 달에 이자 6~7만 원만 내면 된다. 이러한 이유로 투자할 때 대출은 절대 빼놓을 수 없다. 수익률 또한 대출을 이용하면 현저히 높아진다. 10억 원 이하의 3층 다가구주택부터 10억 원 이상의 상가주택, 20억 원대 근생건물도 대출을 빼놓고 이야기할 수 없다. 물론 여유가 많아 대출 없이 매입하면 좋겠지만 보통의 경우 그러긴 쉽지 않다.

그래서 부동산을 매입할 때 꼼꼼히 따져봐야 하는 것은 대출금액이 아니라 수익률이며 수익률의 밑바탕이 되는 공실률이다. 공실이 없고 수익률만 확실하다면 대출금액이 다소 많다고 하더라도 전혀 문제가 되지 않는다. 대출이자를 본인 돈으로 납부하는 게 아니라 월세를 받아 충당하기 때문이다. 수익률이 높으면 대출이자를 제하고도 훨씬 많은 현금흐름이 발생한다. 부동산으로 부를 이룬 사람들은 다들 이런 시스템을 이용해 조금이라도 대출을 더 받으려고 노력한다. 만약 대출금액이 부담스럽고 대출이자가 무섭다면 부동산에는 접근도 할 수 없을 것이다.

수익률 공식

수익률을 올리려면 어떻게 해야 할까? 수익률 공식은 연간 현금흐름을 실제 투자금액으로 나눈 값이라고 했다. 좀 더 자세히 말하면, 수익률은 연 임대료(월 임대료×12)를 실제 투자금액(매매가격 - 보증금)으로 나눈 것으로 임대료가 높거나 투자금액이 낮으면 수익률은 올라간다.

연 임대료 = 월 임대료 × 12

수익률 = 투자금액(매매가격 - 보증금) × 100

즉, 분자를 늘리는 것에 집중해야 한다. 분자를 늘리려면 월세를 올리거나 보증금을 올려야 한다. 그리고 레버리지 극대화를 위해 대출 비중을 높이는 것이다. 이 모든 것이 분모, 즉 투자금액을 최소화하기 위해서다. 물론 대출이자가 낮은 곳을 선택하면 수익률도 더 올라가기 마련이다. 대출금액이 많을수록 이자의 영향을 많이 받게 된다. 오피스텔이 되었든 상가가 되었든 신축빌라가 되었든, 제시하는 수익률을 그대로 믿지 말고 인근에 가장 비슷한 부동산의 매매가격과 월세를 확인하고 스스로 수익률이 적정한지를 판단할 수 있는 안목이 필요하다.

은행이나 보험회사에서 판매하는 펀드나 분양회사에서 분양하는 상품을 확인도 하지 않고 브리핑하는 수익률만을 믿은 채 매입한 후, 실제 예상 수익률과 달라 마음고생하는 분이 적지 않다. 이미 분양받은 후에 수익률이 안 나온다고 하소연해 봐야 상담했던 직원은 그만두었거나 상권이 자리 잡는 중이니 좀 더 기다리면 좋아질 거라는 뻔한 답변만 듣게 될 뿐이다. 수익형부동산이라고 해서 무조건 수익률에만 의지할 필요는 없다. 향후 매매차익도 기대해야 한다. 오피스텔이나 도시형 생활주택, 상가 등은 부동산의 근원적 가치인 대지지분이 적기 때문에 가치상승에 한계가 있다. 신축빌라의 경우 수익률이 높다고 광고하지만, 1~2년이 지나 완공된 후 브리핑받았던 대로 수익률이 나오질 않을 가능성이 높다. 매매가격도 비쌀뿐더러 실체가 없기 때문에 건축 과정에서 문제가 발생할 가능성이 높다.

서울만 고집하지 말 것

서울은 이제 이쑤시개 꽂을 땅도 없다. 신규로 분양하는 대부분의 주택은 기존 건물을 철거하고 신축하는 재건축이나 재개발뿐이다. 대지지분이 많고 규모가 클수록 대출금액이 늘어나는 것은 당연하다. 대지지분은 해당 부동산의 등기부등본을 확인해 보면 누구나 쉽게 확인이 가능하다. 오피스텔, 상가 등의 집합건물은 대지지분이 적기 때문에 대출을 이용해서 투자한다고 하더라도 좋은 투자라고 볼 수 없다.

수익형부동산에 있어서 임대수요를 예상하는 것은 바로 수익률과 직결되기 때문이다. 건물이 준공된 후 임대수요가 있을지 파악하기 위해서는 주변의 임대시세와 공실률을 미리 확인해야 한다. 여기서 공실률은 임차인이 나간 후 바로 다음 임차인을 얻지 못하고 비는 기간을 말한다. 공실률 계산은 공실이 된 방을 전체 방의 수로 나눈 값이다. 공실률이 높을수록 임대료를 받지 못하기 때문에 공실률을 최소화하는 것이 수익률을 높이는 것보다 더 중요하다고 볼 수 있다. 새 건물이라 높은 임대료를 받았다고 하더라도 공실이 생기고 공실 기간이 길어진다면, 차라리 낮은 임대료를 받더라도 공실 없이 유지되는 게 좋다. 물론 건물은 경기에 영향을 받기 때문에 공실이 전혀 없을 수는 없다. 여기서 중요한 것은 임대수요가 많은 지역을 선택해야 공실이 나는 것을 미리 막을 수 있다는 점이다. 준공연도가 5년 이내인 신축 건물은 공실률이 거의 없지만, 5~10년이 넘어가 감가상각이 되면 공실은 1~2개 정도 생기기 마련이다. 여기서 핵심은 공실이 생기더라도 최대한 빨리 임차인을 구해서 공실 기간을 줄이는 것이다.

개인의 사정에 따라 다르겠지만, 월세를 찾는 임차인은 전세를 구하는 임차인보다 해당 지역에 오래 거주하지 않을 확률이 높다. 예컨대 지방에서 올라온 사람이나 외국인노동자들은 짧은 기간을 생각하고 있기 때문에 목돈이 들어가는 전세보다 월세를 선호하기 마련이다. 원룸의 경우, 기본 옵션(TV, 냉장고, 세탁기, 에어컨, 쿡탑 등)이 들어가는 경우가 많아 보통 연령대가 낮은 젊은 층이 선호하는데, 전근, 퇴사, 결

구분	공실 0	공실 2	공실 4
매매가격	11억 5,000만 원	11억 5,000만 원	11억 5,000만 원
임대 방 수	15개	13개	11개
총 보증금 (500만 원/실)	7,500만 원	6,500만 원	5,500만 원
총 월세 (40만 원/실)	600만 원	520만 원	440만 원
수익률	8.6%	7.0%	5.4%
대출(금리 4%)	4억 5,000만 원	4억 5,000만 원	4억 5,000만 원
공실률	0%	13%	26%

혼 등으로 전출입이 잦아 거주 기간이 짧은 편이라고 본다. 반면 투룸부터는 가정집으로서 자녀나 직장 등 여러 가지 이유로 이사를 잘 하지 않으며 장기로 살 확률이 높다.

15개의 원룸으로 구성된 다중주택으로 예를 들어보자. 위의 표는 시간이 지나 공실이 2개 또는 4개가 생겼을 때 그에 따른 수익률을 표시한 것이다. 1개의 공실이 생기면 그만큼 보증금과 월세가 줄어든다. 공실 없이 15가구가 보증금 500만 원에 월세 40만 원으로 채워지면 수익률은 8.6%로 상당히 높은 편이다. 하지만 공실이 2가구가 생기면 보증금은 6,500만 원으로 줄고 월세도 520만 원으로 줄게 되어 수익률은 7%다. 더 나아가 공실이 4가구가 생기면 보증금은 5,500만 원으로, 월세는 440만 원으로 줄어든다. 수익률은 5.4%로, 공실이 없을 때와 비교한다면 월세는 160만 원이 줄고 수익률은 1.2%나 줄어든 셈이다.

수익형부동산은 수익률을 빼놓고 말할 수 없다. 물론 대출을 이용하지 않을 수도 없다. 단순히 대출금액과 매달 나가는 대출이자를 겁내지 말고, 해당 지역에 수익률과 공실률을 파악해서 대출이자를 훨씬 능가하는 수입구조인지를 본인 스스로 확인할 줄 아는 판단과 현장 점검이 필요하다는 것을 항상 잊지 말자.

부록

서울 및 수도권 투자 유망 지역

평택 고덕 신도시 인근

평택 고덕국제신도시에는 세계 최대 규모의 반도체 생산기지인 삼성반도체 평택캠퍼스가 있다. 이미 1, 2공장라인이 가동 중이며 추가로 3공장도 신축공사가 진행 중이다. 이에 따라 종사자들은 물론 배후수요는 더욱 늘어날 것으로 보인다. 다가구주택이나 원룸건물을 운영함에 있어 인구수와 일자리를 빼놓을 수는 없다. 공실은 수익률과 직결되고 건물 가치의 영향을 주기 때문이다. 우선 첫 번째로 추천하는 지역은 평택이다. 평택은 이미 부동산투자자들에게는 낯설지 않은 곳이다. 그만큼 개발계획이 많고 핫한 도시이다. 평택은 도시명에서 말해주듯 전체적으로 평지가 많다. 산은 낮은 야산 정도가 있을 뿐 대부분 평지다. 그렇다면 왜 평택이 투자처로 각광을 받는지 알아보자.

행정안전부 주민등록인구통계에 따르면 2015년 평택시 전체 인구는 46만 532명으로 50만 명에 못 미친다. 하지만 2022년 1월 기준 56만 2,827명으로 10만 명 넘게 증가해 경기도 내 인구 9위 도시로 진입했다. 2015년 삼성전자 평택캠퍼스 준공 이후 인구가 10만 명 넘게 늘어난 것이다. 지금과 같은 속도라면 2035년엔 인구 100만 명 도시로 거듭날 거라는 전망이다. 또한 일자리도 20만 개가 넘을 것으로 예상된다. 짧은 시간에 일자리와 인구가 늘어나는 지역이라면 주택 임대 수요는 풍부하다고 볼 수 있다. 4인 가구뿐만 아니라 1인 가구에 어울리는 원룸, 투룸의 수요 또한 많다고 볼 수 있다.

옛 속담에 '소문난 잔치에 먹을 것 없다'는 말이 있듯이 고덕신도시 내에는 토지 가격이 많이 올라 건축비까지 감안하면 수익률이 좋다고 볼 수 없다. 토지의 평수와 위치에 따라 다르지만 고덕신도시 4층 상가주택 건물의 시세는 20억 원 초반에서 중후반까지 다양하다. 자금에 여유가 있으면 고덕신도시에 투자하는 것도 나쁘지 않지만, 인근 지역에 저렴하게 나온 원룸건물을 알아보는 것도 좋은 방법이다.

'도넛이론'이라는 게 있다. 도넛이론이란 도시가 개발될 때 도시개발계획을 세우면서 중심지 반경 30km 이내를 개발영향지역으로 설정하고, 그 후에 여러 가지 추가적인 영향을 미치는지 아닌지를 계산하는 개발계획이론 중 하나다. 고덕신도시 인근과 1호선 서정리역 인근 그리고 SRT, KTX(예정)인 지제역 인근에 비교적 저렴하면서도 가구수 많은 원룸건물을 매입하면, 공실 없는 수익형건물로서 꾸준하게 수익을 낼 수 있다.

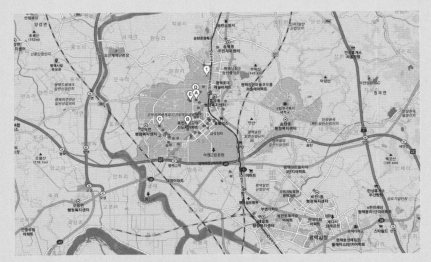

평택 고덕신도시 주변 입지도

오산시 구도심(오산대역세권)

    오산은 입지적으로 보면 화성 동탄신도시와 이웃하고, 남북으로 수원과 평택 고덕신도시를 끼고 있다. 교통 여건이 열악하고 낡은 아파트가 많아 주택시장에서 주목받지 못한 지역이었다. 수원, 용인, 화성(동탄) 등 굵직한 지역은 집값이 많이 오른 반면 오산은 상대적으로 저평가되어 왔다. 그런데 2021년 초만 해도 1억 원대였던 오산 아파트가 지금은 호가 5억 원까지 폭등하였다. 화성 동탄신도시와 인접한 오산은 저평가와 교통 호재에 힘입어 수요가 증가한 수도권 남부지역 중 하나다. 그렇다면 갑자기 오산시 집값이 뛰는 이유는 뭘까? 바로 다른 지역에 비해 저평가 받아 상대적으로 저렴한 집값으로 인해 실수요와 투자수요가 동시에 몰리는 것이다. 오르는 집값을 감당하지 못해 밀려난 수요자가 집값이 저렴한 오산으로 이동했다.

오산시 집값이 올라간 근본적인 원인은 대형 개발호재들이 뒷받침 되기 때문이다. 지하철 분당선 연장사업이 대표적이다. 국토교통부가 발표한 제4차 국가철도망 구축계획에 오산~동탄~기흥구간을 연결하는 분당 연장사업이 포함되었다. 기존에는 오산에서 강남까지 1시간 30분 정도 소요되었는데, 개통이 된다면 1시간 내로 진입이 가능하다. 또한 수원 망포역~동탄역~오산역을 연결하는 동탄도시철도(트램) 1호선 노선이 국토부로부터 기본계획을 승인받아 2027년 개통을 목표로 본격 추진될 예정이기 때문에 개통이 되면 지금보다 훨씬 교통이 편리해질 것이다.

터널이 개통되는 지역은 양 지역의 교통흐름이 원활하지 않은 경우

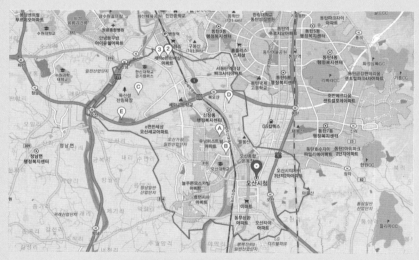

오산역 역세권(세교지구) 주변 입지도

가 대부분이다. 이때 터널이 개통되면 두 지역이 하나의 생활권으로 묶여 각종 인프라 공유는 물론이고 교통흐름이 획기적으로 개선된다. 터널 개통은 단순한 도로망 연결을 넘어 지역 발전의 시너지를 배가시키기 때문이다. 오산시와 동탄신도시를 잇는 필봉터널이 대표적이다. 개통이 되면 동탄역 SRT까지 이용할 수 있어 오산의 가치는 더욱 올라갈 수밖에 없다. 주변 일자리 면에서 보면 교통이 좋아지면서 서측의 연구산학단지와 동측에 동탄테크노밸리, 남측에 평택삼성캠퍼스, 북측으로 수원삼성이 둘러싸여 있어 교통과 일자리 중 어느 것 하나 빠지지 않는 도시가 되었다.

지금까지 오산이 앞으로 더 좋아질 수밖에 없는 이유를 말씀드렸다. 아직 저평가되어 있기 때문에 향후 가치상승이 기대된다. 그렇다고 오산에 있는 신규아파트를 분양받거나 공시지가 1억 원 이하의 아파트를 '갭'을 이용하여 투자하라는 말은 아니다. 교통 호재와 일자리 발전 가능성을 알았으니 해당 지역에 공실이 나지 않을 거라 확신과 믿음이 생기지 않는가? 그렇다면 이런 지역에 어떤 부동산 상품을 투자해야 좋은 수입원을 만들 수 있을까? 바로 수익형부동산의 대표적인 원룸건물이다. 물론 신규택지(세교2지구)에 건설사를 통한 신축으로 상가주택에 투자하는 것도 좋은 방법 중 하나다.

실제 투자금액은 2~3억 원 내외면 가능하다. 모든 것은 장단점이 있기 마련이다. 4층 상가주택은 가구수가 5가구로 정해져 있기 때문에 1층 상가 임대수입 외 2~4층에서는 월세를 기대하기는 힘들다(쓰리룸은 보통 자녀가 있는 가정집이기 때문에 월세보다는 전세로 임대를 얻는 사람이 대부분이다).

반면 구도심에 가구수가 많은 원룸건물을 매입하게 되면 임대수입을 만드는 데 있어 훨씬 용이하다. 그럼 실제 매물로 나온 물건을 하나 소개하겠다.

발품을 찾아다니다 보면 개별주택 공시지가와 비슷한 금액으로 나온 매물이 있다. 공시지가와 비슷하다는 말은 쉽게 말해 정말 싸게 급매로 나왔다는 것이다. 지금 소개하는 건물의 공시지가는 8억 3,400만 원인데, 원룸건물 매매가는 8억 5,000만 원이다. 앞에서 이야기했지만 오산은 산업단지와 공장이 많아 원룸건물에 회사 기숙사용으로 임대를 많이 준다.

대지 105평(348㎡), 연면적 200평(658㎡), 2003년도에 준공된 19년 차 건물이다. 사진에 보는 것과 같이 건물 외관은 빨간 벽돌로 마감되어 있고 연식에 비해 관리가 잘 되어있다. 반지하가 가구수에 포함이 되지 않을 때 지어진 건물이라 주차장 면적을 줄이고 건축면적을 늘리려고(수익률 상승) 억지로 반지하를 만들어 놓은 걸 볼 수 있다. 지하 1층부터 지상 3층까지 있는 구조이다. 아쉽지만 엘리베이터는 없다. 엘리베이터는 직접 거주하는 임차인 입장에서 볼 때는 편리하고 좋지만, 건물주 입장에서는 관리비와 건축면적이 줄어들어(세대수 감소) 수익률 면에서는 좋지 않다. 하지만 최근에 지어지는 건물은 3층에도 엘리베이터를 넣는 경우가 많다.

총 24가구로 구성되어 있고, 원룸이 16가구 투룸이 8가구다. 매매가 8억 5,000만 원, 대출 3억 원, 총 보증금 2억 5,000만 원, 월세는 539만 원이다. 그럼 얼마의 투자금이 필요할까? 바로 매매가에서 보증금과 대출을 뺀 '3억 원'이다. 오산은 신규아파트 분양가상한제가 적용되며, 전용 25평(84㎡) 기준 평(3.3㎡)당 1,250만 원에서 1,464만 원 정도이다. 34평을 분양받을 경우 5억 원이 넘는다. 여러분이라면 어떤 선택을 할 것인가? 5억 원에 분양받은 아파트가 4억 원으로 떨어질까 전전긍긍하며 자산을 엉덩이에 깔고 앉을 것인가? 6~7억 원이 되기를 학수고대하며 정년퇴직할 때까지 대출이자만 갚을 것인가? 동일한 투자금액이라면 원룸건물을 보유해서 매달 500만 원이 넘는 현금흐름을 만드는 게 훨씬 유리하다.

혹자는 원룸건물은 노후하면 가치가 떨어진다고 말한다. 원룸건물과 같은 수익형부동산은 최근 몇 년간 대세 상승기에 가격이 크게 오르지는 않았다. 하지만 상승기나 하락기가 따로 있지 않다. 왜냐면 임대료는 꾸준히 들어오고 시간이 지날수록 지가가 올라 자연스럽게 가격이 상승하기 때문이다. 건물이 노후화되더라도 8억 5,000만 원이 5억 원으로 결코 떨어지지는 않는다는 말이다. 물가상승률 이상으로 월세도 꾸준히 오르기 때문에 수익률은 높아지고 건물 가치도 함께 올라가게 된다.

남양주 별내신도시

경기도 북쪽에 위치한 남양주시는 GTX부터 4호선, 8호선, 9호선까지 굵직한 교통 호재들이 있다. 서울 진입 교통망이 획기적으로 개선되면서 새롭게 관심받고 있는 지역 중 하나다. 남양주는 이미 기존 운행 중인 경춘선과 경의중앙선이 있고, 올해 개통 예정인 4호선 진접선(당고개~진접)과 2023년 9월 개통 예정인 8호선 별내선이 추가 연장을 앞두고 있다. 또한 남양주에서 서울을 지나 인천 송도로 이어지는 고속철도망 수도권 광역급행철도(GTX-B) 노선도 2027년 개통을 목표로 추진되고 있어, 개통이 되면 서울역까지 20분 이내로 진입이 가능하다. 더불어 용산과 여의도 등 주요 업무 지구들을 경유하게 된다.

그중에서도 별내신도시는 9호선 이용도 편리해 남양주 핵심 교통 요충지로 손색이 없다. 이처럼 서울과 접근성이 뛰어나 출퇴근이 가

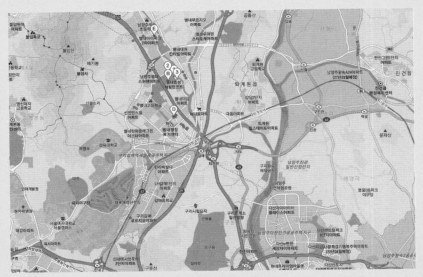

남양주 별내신도시 주변 입지도

능한 지역이라 주변 시세 대비 비교적 저렴한 금액으로 주거하면서
아파트는 물론 임대수익을 목적으로 한 다가구주택도 노려볼 만하다.

교통이 개선되고 일자리가 풍부한 지역은 공실 걱정이 없어 전세보
증금 상승과 꾸준한 임대수요를 얻는 데 있어 최고의 조건이라 할 수
있다. 신도시나 택지지구는 대단위로 개발계획을 세워 단계적으로 건
설 및 확충이 되므로 시간이 지날수록 교통 여건, 일자리, 교육 환경
등 주변 인프라가 좋아지는 게 일반적이다. 어느 신도시든 조성될 때
는 시범단지가 있다. 시범단지란, 대규모 택지개발지구로 지정되고
가장 좋은 입지에 시범적으로 먼저 분양하는 단지의 이름 앞에 붙는

명칭이라 할 수 있다. 1기 신도시와 2기 신도시 모두 가장 좋은 입지에 시범단지가 조성되었고, 향후 주변 아파트들보다 매매가격도 더 큰 폭으로 상승했다. 인프라가 조성되면서 해당 지역의 부동산시장을 이끄는 '랜드마크' 역할을 하기 때문이다.

그렇다면 새로 조성되는 신도시나 택지지구에 있는 아파트만 큰 시세차익을 얻을 수 있는 걸까? 전혀 그렇지 않다. 대규모 택지지구가 조성되면 아파트는 건축이 이루어지고, 준공이 난 후 입주하려면 족히 3~4년은 걸린다. 반면 3~4층짜리 다가구주택은 건축 기간이 5~6개월이면 충분하기 때문에 아파트보다 먼저 조성되면서 먹자골목을 형성해 나간다. 아파트 전세금과 비교해 봐도 다가구주택이 동일 아파

트 평수에 비해 60~70% 저렴하기 때문에 아파트 전세가에 부담을 느끼는 임차인은 차선책으로 다가구주택 전세를 많이 찾는다.

그럼, 택지가 조성되면서 아파트 시범단지가 조성되는 것처럼 수혜를 누린 소액으로 다가구주택을 신축한 실제 사례를 보자. 위 사진은 남양주 별내신도시 택지지구 내 위치한 3층 다가구주택이다. 4호선 별내별가람역(가칭) 인근에 있는 다가구주택이며 토지 평수는 97.7평(322.4㎡)이다. 토지 가격은 6억 3,000만 원이고 총 건축비는 10억 2,000만 원이다. 토지 가격과 건축비를 합하면 건물 가격은 16억 5,000만 원이다. 이 투자자는 과연 얼마의 투자금으로 신축을 진행했을까? 놀랍게도 건물 가격의 10% 수준인 1억 5,000만 원으로 신축을 진행해 전세대 임대를 맞췄다. 건설회사가 자금회수에 확신이 있기 때문에 소액으로도 진행할 수 있는 것이다.

과연 어떻게 소액으로 이게 가능한지 집중해서 정독하길 바란다. 토지담보대출과 건물담보대출, 전세보증금이란 3종 지렛대를 이용했기 때문에 가능했다. 토지담보대출로 3억 원을 이용하고, 준공 직후 건물담보대출 3억 원을 실행했다. 건물 세대 구성은 1층 쓰리룸(주인 세대) 1가구, 2층 쓰리룸 2가구, 3층 쓰리룸(복층 구조) 2가구로 총 5가구다. 여기서 주의해야 할 점은 가구수 제한이다. 이게 바로 신도시(택지지구) 내 건물의 가장 큰 단점이기도 하다. 가구수는 수익률과 비례하기 때문에 비싼 토지 가격과 건축비를 들여 3~4층에 5가구밖에 못 넣는다면, 투자금액 대비 수익률이 낮을 수밖에 없다. 하지만 택지가 조성되는 초반, 다시 말해 토지 가격이 그나마 저렴할 때 시작하면 승산은 있다. 어느 지역이든 시가가 중요하다.

건축 당시 건물주는, 3가구는 전세를 주고 2가구는 반전세로 임대를 할 예정이었다(아래 수익률 표를 참조하면 이해가 쉬울 것이다). 4호선 연장과 8호선 개통 예정이라는 사실은 누구나 알고 있는 사실이지만, 개통 전에 발 빠르게 움직이면 수익률을 더 극대화할 수 있다. 신축 당시 쓰리룸(주인 세대) 시세는 2억 원 중반이었다. 일반 쓰리룸은 전세가 2억 원 전후였고, 반전세는 보증금 1억 원에 월세 50만 원 수준이다. 하지만 5개월 후 건물 준공이 될 때쯤 전세가가 크게 올라 쓰리룸은 4억 원에 임대를 맞췄고, 나머지 4가구도 기존에 예상했던 전세보증금보다 두 배 정도의 금액으로 임대를 맞췄다.

당초 계획은, 총 건물 매매가격 16억 5,000만 원에서 투자금 1억 5,000만 원, 토지와 건물대출로 6억 원을 이용, 전세보증금으로 6억 원을 이용하려고 했다. 막상 준공이 나고 임대를 놓을 때 5가구 전부 전세로 임대를 주어 총 보증금 합계가 17억 5,000만 원이 되었다. 투자자 입장에서는 원래 투자금액 1억 5,000만 원을 전액 회수하고도 추가로 7억 원이 더 생기게 된 것이다. 종잣돈 1억 5,000만 원으로 시작해 건물 하나가 생겼고, 그러고도 종잣돈 8억 5,000만 원이 남은 것이다.

이 건물은 수익률을 계산할 수가 없다. 투자금액을 전부 회수하고도 7억 원이 생기고 건물까지 생겼으니 반복하여 신축(매입)한다면 수입을 얼마든지 크게 늘릴 수 있을 것이다. 건물주는 회수한 돈으로 같

신축 다가구주택

소재지							건축년도	
대 지	97.7평			도로상황	건물외형			
건 평					건물선택			
난방방식								
호별	세대수	보증금	월세	비 고		건축년도		건물용도
1층	101호	40,000	?	주인세대		매매금액		165,000
2층	201호	29,000	?	R3		보증금		175,000
	202호	30,000	?	R3		월세금액		35
3층	301호	39,000	?	복층		용자금액		60,000
	302호	37,000	?	복층		금융이자(3.5%)		
4층						투자금	-	**70,000**
						수익률		
합 계		175,000	35					
참 고 사 항								

신축 다가구주택

소재지							건축년도	
대 지	97.7평			도로상황	건물외형			
건 평					건물선택			
난방방식								
호별	세대수	보증금	월세	비 고		건축년도		건물용도
1층	101호	26,000	?	주인세대		매매금액		165,000
2층	201호	12,000	50	R3		보증금		90,000
	202호	12,000	50	R3		월세금액		121
3층	301호	20,000	?	복층		용자금액		60,000
	302호	20,000	?	복층		금융이자(3.5%)		
4층						투자금		**15,000**
						수익률		
합 계		90,000	121					
참 고 사 항								

준공 전 임대 계획, 준공 후 임대 현황

은 건설사에게 또 하나의 건물을 계약한다고 했다. 놀랍게도 예전부터 지금까지 이렇게 돈을 투자하지 않거나 아니면 소액을 이용해 내 소유의 건물을 만들어 왔다는 것이다. 전세보증금 상승은 건물 매매가를 올리게 된다. 현재 이 건물의 시세는 21~22억 원을 형성하고 있다. 여기서 더 중요한 것은, 2022년 4호선 별내별가람역(가칭)이 개통되면 전세보증금은 더욱 올라갈 거라는 점이다.

파주 운정신도시

    파주는 경기도 서북부에 위치해 있으며 서쪽으로는 김포시, 동쪽으로는 양주시와 연천군, 남쪽으로는 고양시와 접해있다. 행정안전부 주민등록인구 통계에 따르면, 2022년 초 파주시의 총 인구수는 48만 4,729명으로 2022년 상반기 내 총 인구수가 50만 명을 넘어설 것으로 예상된다. 현행법상 대도시 기준인 50만 명이 얼마 남지 않아 곧 대도시로 진입할 것으로 보인다.

    평택에 삼성반도체 평택캠퍼스가 있다면 파주에는 LG디스플레이 파주사업장이 있다. 이처럼 가파르게 인구수가 늘어나고 있는 이유 중 하나는 LG디스플레이 대기업이 있기 때문이다. 파주 운정신도시는 여러 호재를 가지고 있지만, 특히 2024년에 준공되는 GTX-A 노선이 가장 큰 호재로 작용했다. 서울역 진입이 획기적으로 단축되면서

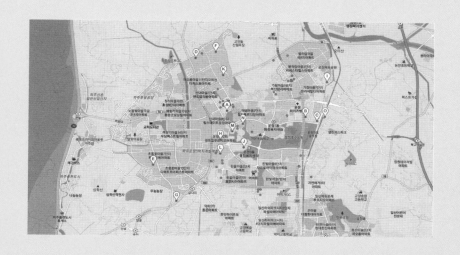

인구유입과 지역발전은 앞으로 더 빨라질 것이다.

지난 2018년 입주한 운정신도시 센트럴 푸르지오 전용 25평(84㎡)이 2022년 초 8억 5,000만 원에 거래되었다. 60%를 대출받는다고 가정했을 때, 3억 4,000만 원이 필요하다. 물론 직접 거주를 하지 않고 전세를 준다면 투자금액을 더 줄일 수 있다. 하지만 부동산의 근원인 토지지분은 기껏해야 6~7평 정도다. 하지만 대지 81평에 엘리베이터까지 있는 4층 신축 상가주택을 소유하는 데는 얼마가 필요할까? 동일 지역 내 아파트 매매가격 대비 투자금액을 감안하면 3분의 1밖에 들지 않는다. 그럼 실제 매물로 나와 있는 다가구주택을 알아보자.

대지 81.5평(269.5㎡), 연면적 146평(481㎡), 2021년도 10월에 준공이 나서 아직 1년도 안된 신축건물이다. 사진에 보이는 것과 같이 건물 외

관은 빨간 벽돌과 징크로 마감되어 있고 관리가 잘 되어있다. 지상 4층 구조로 1층 근린상가, 2~3층 투룸 4가구, 4층 쓰리룸(주인 세대) 1가구로 구성되어 있다. 이 건물의 매매가격은 16억 원이다. 현재 전 세대의 임대가 완료되었다. 1층 상가는 보증금 2,000만 원에 월 임대료 120만 원이다. 투룸 전세보증금은 1억 8,000만 원으로 4가구 전부 전세로 임대를 주고 4층 쓰리룸(주인 세대)은 3억 5,000만 원에 전세를 주었다. 토지대출과 건물대출은 총 4억 원이다. 그럼 총 얼마의 투자금이 필요할까? 매매가 16억 원에서 총 보증금 합계인 10억 9,000만 원과 대출 4억 원을 빼면 실제로 필요한 투자금액은 1억 1,000만 원이다. 어떤가? 아파트 투자금의 3분의 1만으로 대지 81평의 4층 꼬마빌딩을 매입할 수 있다.

혹자는 '겨우 1층 상가에서 임대료 120만 원 받아서 대출이자 내면 남는 것도 없다'라고 할 수도 있다. 하지만 수익형부동산 파이프라인을 만들 때는 초기 투자금이 부족하기 때문에 이렇게 시작해도 좋다. 근로소득이나 사업소득을 모아서 2~4층도 한 가구씩 자금에 맞게 반전세나 월세로 전환하면 된다. 초기 투자금액에 여유가 있다면 2~3층의 투룸은 전세가 아닌 반전세나 월세로 임대를 줘도 무방하다.

중요한 것은 실천이고 적은 금액이라도 월세를 받는 시스템을 만드는 게 중요하다. GTX-A가 개통되고 지하철 3호선(파주 연장) 노선이 착공되면, 임대료 시세는 지금보다 더 올라가고 수익률 또한 상승할 것이다. 대다수의 사람이 투자하는 아파트 한 채로는 임대수익을 만들기 힘든 구조이고 인플레이션 헷지inflation hedge(물가상승에 대한 방어책)에도 한계가 있을 수밖에 없다. 발품을 팔며 열심히 찾아보면 방금 소개한 건물 외에도 소액으로 얼마든지 매입 가능한 근사한 보물을 발견하게 될 것이다.

서울 지역 투자

옛말에 '사람은 나면 서울로 보내고 말은 나면 제주도로 보낸다'라는 말이 있다. 서울은 각종 시험 수험생은 물론 투자자들이 가장 선호하는 지역이다. 그다음은 수도권, 광역 신도시 순서다. 수익률만 놓고 보면 아니지만, 선호도와 환금성, 지가상승을 감안하면 단연 서울이다. 서울은 주거지역 비율이 높고 면적 대비 인구밀도가 높기 때문에 어떤 것이든 수요가 많다. 서울을 대신할 신도시를 조성하더라도 교통, 문화시설, 학군, 병원, 편의시설 등 모든 걸 완벽히 갖춘 서울을 대신할 수는 없다. 토지 가격을 보면 서울은 이미 제2종 일반주거지역 평당 2,000만 원 이하를 찾아보기 힘들다.

고대 그리스의 수학자이자 물리학자인 아르키메데스Archimedes는 "나에게 충분한 지렛대를 준다면 지구도 들 수 있다"라고 말했다. 이 같은 물리법칙을 이용해 부동산투자에 적용한다면 충분히 승산이 있다. 물론 서울도 이 지렛대를 이용하면 가능하다. 앞에서 다중주택 건축조건이 완화되었다고 설명했다. 이번에는 실제로 완화된 조건을 적용해서 신축한 사례를 들어보겠다.

강서구 화곡동 2호선과 5호선 도보 5분 거리에 위치한 다중주택은 50평 대지 위에 신축 중이며 준공을 한 달 앞두고 있다. 토지 가격은 11억 3,000만 원이고, 건축비는 8억 7,000만 원이다. 이 주택을 건축하는 데는 총 20억 원이 필요하다(부대비용 별도). 필로티 구조로 구성한 4층 건물이고 총 18개의 원룸으로 구성된다. 이 지역의 원룸 전세보증금 시세는 1억 3,000만 원 수준이고, 복층 구조는 1억 5,000만 원 정도이다. 월세는 보증금 1,000만 원에 50만 원이다. 토지대출과 건물 담보대출로 7억 원을 이용했다. 그렇다면 이 투자자는 얼마의 자금이 필요할까?

매매가 20억 원에서 보증금 9억 9,000만 원과 대출금 7억 원을 제하니 차액이 3억 1,000만 원이다. 대출금 7억 원의 이자가 4%이므로 매월 이자로 233만 원이 나간다. 월세 400만 원에서 이자 233만 원을 제하니 167만 원이 남는다. 노후 자금으로는 부족한 금액이지만 아직 정년이 10년 이상 남았기 때문에 근로소득과 월세를 모아서 월세 비중을 높이다 보면 충분히 500만 원 이상의 수입원을 만들 수 있다.

또 다른 다중주택을 보자. 이 주택은 강북구 수유동에 위치하였고 4호선 지하철 수유역에서 700m, 거리로 도보 10분 이내니 교통은 양호한 편이다. 이제 막 준공된 주택으로 대지 30평, 지상 3층이며 연면적 57평이다. 총 원룸 10개로 구성되었다. 총 건축비는 12억 원이 들어갔다(토지 가격 포함). 토지대출 3억 원과 건물담보대출 3억 원을 이용하여 실제 투자금액은 2억 원 남짓이었다. 6가구는 전세로 임대를 주고, 4가구는 월세로 임대 예정이다.

이번엔 4억 원으로 투자한 사례를 보자. 봉천동 인근에 이제 막 신축해서 임대 중인 다중주택이다. 이 지역은 강남 접근성이 좋아 젊은 직장인들의 임대수요가 많다. 이 주택은 원룸과 1.5룸 구조로 총 15가구로 구성되어 있다. 토지 가격은 10억 원, 건축비는 8억 원으로 총 18억 원이 들어갔다. 토지대출로 4억 원을 이용하고 건물 준공 직후 3억 원을 추가로 대출받아 총 대출금액은 7억 원이다. 8가구는 전세로 임대를 주고, 3가구는 반전세, 3가구는 월세, 나머지 1가구는 미혼인 건물주가 직접 거주할 예정이다.

5~6억 원의 전세보증금으로 서울에서 아파트를 찾는다면, 강북권쪽 교통이 괜찮은 곳의 전용면적 25평(84㎡)짜리 아파트를 얻는 데 불과하다. 하지만 동일한 금액으로 다중주택을 신축한다면 내 소유 주택에 살면서 매월 고정적으로 월세까지 받을 수 있다. 1.5룸에 살면 어떠한가? 서울 땅 대지 43평에 반듯이 올라간 내 건물에 300만 원이 넘는 월세까지 들어온다면, 20억 원이 넘는 아파트도 부럽지 않을 것이다. 1인 가구가 증가하는 이 시대에 맞는 다중주택은 지금의 저금리 시대에 가장 안전한 투자처로 볼 수 있다.